Herman Aihara

SÄUREN & BASEN

महजीवः

Übersetzung aus dem Amerikanischen von Hene Keller.
Redaktion: Jampa Jigme

Titel der Originalausgabe: *Acid & Alkaline* by Herman Aihara.
Copyright © 1986 by the George Ohsawa Marcobiotic Foundation in Oroville, California, USA.

Erstveröffentlichung	1971 ebenda
Revised edition	1977 ebenda ISBN 0-918860-35-0
3. Auflage	1980 ebenda
4. Auflage	1982 ebenda
5. Auflage (revised)	1986 ebenda ISBN 0-918860-44-X

CIP-Titelaufnahme der Deutschen Bibliothek

Aihara, Herman:
Säuren & [und] Basen: [Synthese aus d. westl. Säure-Base-Modell u.d. östl. Yin-Yang-Prinzip]/ Herman Aihara. [Übers. aus d. Amerikan. von Hene Keller]. — Dt. Erstveröffentlichung. — Holthausen/ ü. Münster: Verl. Mahajiva, 1988
Einheitssacht.: Acid and alkaline «dt.»
ISBN 3-924845-19-0

1988
Deutsche Erstveröffentlichung
Deutschsprachige Rechte ©:

VERLAG MAHAJIVA Wolfgang Christalle
D-4419 Holthausen/ ü. Münster

ISBN 3-924845-19-0

Inhalt

VII	Vorwort	
1	Kapitel I	**Die Bedeutung des Säure/Base-Gleichgewichts**
1	1.	Warum dieses Buch entstand
3	2.	Unsterblichkeit
4	3.	Ursprung des Lebens — Wasser
7	4.	Warum wir über Säuren und Basen Bescheid wissen sollten
11	Kapitel II	**Säuren und Basen — das westliche Modell**
11	1.	Säuren und Basen im Haushalt
13	2.	Was sind Säuren und Basen?
14	3.	Säuren und Basen im menschlichen Körper
17	4.	Säuren und Basen — die modernere Theorie
18	5.	Säure- und basenbildende Elemente
		20 *Calcium;* **23** *Phosphor;* **25** *Kalium und Natrium;* **26** *Eisen;* **27** *Magnesium;* **27** *Schwefel;* **28** *Chlor*
29	Kapitel III	**Säuren und Basen in Nahrungsmitteln**
29	1.	Säure- und basenbildende Nahrungsmittel
30	2.	Wie säure- und basenbildende Nahrungsmittel bestimmt werden
39	3.	Fett und das Säure/Base-Gleichgewicht
40	4.	Kohlenhydrate und das Säure/Base-Gleichgewicht
41	5.	Zucker und das Säure/Base-Gleichgewicht
42	6.	Vitamine und das Säure/Base-Gleichgewicht
45	7.	Zusammenfassung
47	Kapitel IV	**Yin und Yang — das östliche Modell**
47	1.	Dr. Sagen Ishizuka
51	2.	Georges Ohsawa
52	3.	Yin und Yang
62	4.	Yin- und Yang-Nahrungsmittel
73	Kapitel V	**Das Vier-Räder-Gleichgewicht der Nahrungsmittel**
73	1.	Einteilung von Nahrungsmitteln nach Säure/Base + Yin/Yang
73	2.	Wie man die Vier-Räder-Karte liest
75	3.	Mahlzeiten ausgleichen
81	Kapitel VI	**Säuren und Basen im Leben**

81	Kapitel VI **Säuren und Basen im Leben**
81	1. Azidose
83	2. Alkalose
83	3. Was sind „Acid"-Drogen?
88	4. Ernährungstips für die Heilung von durch Drogenkonsum verursachten Krankheiten
90	5. Müdigkeit und Azidität
92	6. Säure/Base und die Mentalität
93	7. Krebs und Säure/Base
98	8. Schlußfolgerung

100	Anhang I Bibliographie
100	1. Quellennachweis
101	2. Weiterführende Literatur
102	Anhang II Informationsquellen
103	Anhang III Der Autor
104	Kommentar des Übersetzers

Verzeichnis der Tabellen

14	Tafel 1. Beispiele für pH-Werte
19	Tafel 2. pH-Wert verschiedener Nahrungsmittel
21	Tafel 3. Durchschnittliches Vorkommen von Mineralstoffen in einem 70 kg schweren Erwachsenen
21	Tafel 4. Täglicher Mineralstoffbedarf für einen 70 kg schweren Erwachsenen
23	Tafel 5. Vitamin D-Gehalt verschiedener Nahrungsmittel
24	Tafel 6. Calcium/Phosphor-Verhältnis in verschiedenen Nahrungsmitteln (100g Proben)
32	Tafel 7. Säure- und basenbildende Nahrungsmittel
34	Tafel 8. Säurebildende Nahrungsmittel
35	Tafel 9. Basenbildende Nahrungsmittel
36	Tafel 10. Das Calcium/Phosphor-Verhältnis: Ca/P
57	Tafel 11. Yin/Yang-Klassifizierung durch physikalische Zustände
59	Tafel 12. Yin/Yang-Klassifizierung von Elementen durch Spektroskopie
60	Tafel 13. Allgemeine Yin/Yang-Klassifizierung
63	Tafel 14. Gehalt an K und Na (100g Proben) um 1930
64	Tafel 15. Gehalt an K und Na (100g Proben) um 1970
68	Tafel 16. Vergleich von K und Na bei verschiedenen Körperflüssigkeiten
69	Tafel 17. Vergleich zwischen menschlichem Blut und Bienenhonig bei bestimmten chemischen Elementen
70	Tafel 18. Yin/Yang-Klassifizierung verschiedener Nahrungsmittel
74	Tafel 19. Vergleich Yin/Yang und Säure/Base in der Nahrung
76	Tafel 20. Das Vier-Räder-Gleichgewicht der Nahrungsmittel aus Tafel 19 im Detail
86	Tafel 21. Mechanische Wirkung auf verschiedene Teile des Organismus

Vorwort

„Ost bleibt Ost und West bleibt West, und nie werden die beiden zueinander finden", so die ersten zwei Zeilen eines Gedichtes von Rudyard Kipling, die immer wieder gern von Leuten zitiert werden, die das ganze Gedicht nicht kennen — denn ein paar Zeilen weiter heißt es sinngemäß: „Doch es wird nicht Osten noch Westen geben, nicht Grenze noch Rasse noch Herkunft, wenn zwei entschlossene Menschen sich Auge in Auge gegenübertreten, obwohl sie vom Ende der Welt kommen..."

Judo, Karate und andere Kampfeskünste haben Tausende von Anhängern und sind auch im Westen zu anerkannten Sportarten geworden, so daß sie wohl dereinst auch auf der Grundschule gelehrt werden dürften. Ihr Geist ist so völlig anders als derjenige von Fußball oder Baseball; sie zielen mehr auf die spirituelle denn die körperliche Entwicklung. Der Westen ist dabei, einiges vom Osten zu lernen.

Japan hat vom Westen gelernt, wie man Autos, Kameras, Transistoren etc. macht. Seine Industrie ist im fernöstlichen Geist aufgebaut worden, und hinzu kam die westliche Technologie. Inzwischen sind japanische Produkte derart vorzüglich geworden, daß sie eine ernsthafte Bedrohung für die westliche Industrie darstellen.

Ost und West haben einander getroffen und sind angetreten, eine gewaltige Zivilisation zu errichten — im 21. Jahrhundert wird das Wirklichkeit werden, abzeichnen tut es sich jetzt schon. Judo, Aiki, Zen, Yoga, Fernsehen und Transistoren sind die erste Stufe einer solchen Zivilisation. Auf der fünften sowie der sechsten Urteilsstufe werden sich Ost und West in den religiösen wie auch den begrifflichen Bereichen begegnen, und das dürfte äußerst schwierig werden. Wenn ihre Verschmelzung gelingt, wird eine vereinte Welt entstehen.

Ich habe dieses Buch geschrieben, um die allgemeine Öffentlichkeit im Westen dazu anzuregen, die östliche Vorstellung von Wissenschaft entgegenzunehmen und das westliche Denken in der Medizin damit zu bereichern. Das dürfte von großem Nutzen für unser aller Gesundheit werden.

Herman Aihara
November 1979

Dieses Buch ist gewidmet: Meinen Lehrern der Grund- und Sekundarschule und der Universität; sowie Georges Ohsawa und seiner Frau Lima; ferner meinem Vater, meiner Mutter und meinen Adoptiveltern; meinem Schwager und schließlich allen Autoren, deren Werke mich zur Niederschrift dieses Buches inspiriert haben.

Hermann Aihara
20. Februar 1980

Anmerkung des Verlages: In diesem Buch sind manche Lebensmittel aufgeführt, die es im deutschen Sprachraum bisher nicht im Handel zu kaufen gibt. Wir haben sie dennoch im Text belassen, um so die Versorgung zu stimulieren.

KAPITEL I

Die Bedeutung des Säure/Base-Gleichgewichts

1. Warum dieses Buch entstand

Seit dem Ende des letzten Jahrhunderts bis heute wird nach physiologischen Erklärungen für das Phänomen Leben gesucht. Einer dieser Versuche ist das *Milieu interne* von Claude Bernard, ein weiterer die *Homöostase* von Walter Cannon. „Claude Bernard, der große Physiologe des 19. Jahrhunderts, von dem viele unserer heutigen Vorstellungen in der Physiologie ausgehen, nannte die extrazellulären Flüssigkeiten, welche die Zellen umgeben, *Milieu interne* d.h. „innere Umwelt", und Walter Cannon, ein weiterer großer Physiologe der ersten Hälfte dieses Jahrhunderts, bezeichnete die Aufrechterhaltung gleichbleibender Bedingungen in diesen Flüssigkeiten *Homöostase."* (Guyton, *Function of the Human Body*.) Bei dieser Homöostase muß unser Körper konstante Bedingungen aufrechterhalten, wie zum Beispiel:

1. Körpertemperatur (37° C)
2. pH-Wert 7,4 (Säure/Base-Gleichgewicht)
3. Konzentration bestimmter löslicher Substanzen der Körperflüssigkeiten
4. Glukosespiegel im Blut
5. Menge der Körperflüssigkeit
6. Kohlendioxid (CO_2)- und Sauerstoff(O_2)-Spiegel
7. Menge des Blutes ... etc.

Dr. Cannon erkannte die Wichtigkeit des Gleichgewichts zwischen Säuren und Basen in den Körperflüssigkeiten, und dabei vor allem im Blut.

Obwohl die westliche Medizin bzw. Physiologie die Theorie entwickelte, wie der Körper den Ausgleich zwischen Säuren und Basen schafft — der pH-Wert sollte ganz leicht im alkalischen Milieu liegen —, wurde dieses Konzept nicht bis hin zur Ernährung weiterverfolgt.

Etwa zur selben Zeit wie Dr. Cannon lebte ein angesehener Arzt in Japan. Dr. Tan Katase, Professor an der Universität von Osaka, widmete sein Leben dem Studium von Calcium, von dessen physiologischen Funktionen in der Ernährung und von seiner Bedeutung für die menschliche Gesundheit. Er studierte Physiologie immer mit Blick auf die Gesundheit der Menschen. Eine seiner Erkenntnisse deckt sich mit jener von Cannon, aber da Katase mehr an Gesundheit denn an bloßer Physiologie interessiert war, setzte er die Säure/Base-Balance in Beziehung zur Nahrung. Er empfahl stark alkalische Nahrungsmittel, die Calcium enthalten.

Kurze Zeit vor Katase lebte in Japan ein Militärarzt namens Sagen Ishizuka. Dieser kam nach 28 Jahren Forschung in Theorie und Praxis zu dem Schluß, daß zwei alkalische Elemente eine herausragende Bedeutung für unsere Gesundheit haben. Seiner Ansicht zufolge bestimmen diese zwei alkalischen Elemente den Charakter der Nahrungsmittel und damit auch den Charakter der Menschen, die derlei Nahrung essen. Und zwar handelt es sich bei diesen beiden Elementen um *Kalium* (K) und *Natrium* (Na).

Sein Schüler Georges Ohsawa heilte seine eigene „unheilbare" Krankheit mittels Ishizukas Ernährungsweise. Er entwickelte die Theorie sodann weiter und nannte sie makrobiotische Ernährung. (Im Griechischen bedeutet *makro* groß oder lang, und *bio* heißt Leben.) Ohsawa wandte die fernöstliche Philosophie auf das Säure/Base-Konzept an und verwendete dafür die Begriffe Yin und Yang, welche im östlichen Denken grundlegend und allgemein bekannt sind.

Durch meine Studien fand ich, daß *Nahrungsmittel* mit Hilfe dieser beiden Paare ausgleichender Konzepte, nämlich Säure/Base und Yin/Yang, sehr gut eingeteilt werden können. Mit diesem Buch möchte ich versuchen, das westliche Säure/Base-Modell mit dem östlichen Yin/Yang-Prinzip zu vereinen. Denn wenn diese Konzepte kombiniert werden, wirkt sich das auf unsere Gesundheit sehr günstig aus. Beispielsweise wird die Anwendung dieser Konzepte von Säure/Base und Yin/Yang für ein besseres Verständnis des Krebses sorgen, und diese Konzepte können die Krebs-Heilungs-Diät verbessern. Das Prinzip von Yin und Yang begünstigt aber nicht allein unsere Gesundheit, es eröffnet für den westlichen Menschen auch weite Bereiche des fernöstlichen Denkens zum besseren psychologischen und spirituellen Verständnis des Lebens. Gleichzeitig ist das Säure/Base-Modell für die Menschen des Ostens ein Schlüssel zum besseren Verständnis des Lebens und zur Erhaltung der Gesundheit. Mit diesen positiven Gedanken im Hinterkopf wurde dieses Buch geschrieben.

2. Unsterblichkeit

Seit altersher versuchen die Menschen, Unsterblichkeit zu erlangen. In Europa wurde daraus die Chemie entwickelt, in China die Medizin.

Theoretisch sind wir unsterblich. Ei und Samen vereinigen sich und erschaffen neue Zellen. Und aus diesen neuen Zellen entsteht das neue Leben, welches seinerseits Ei und Samen erzeugt, um erneut neues Leben hervorzubringen. Anders gesagt: Keimzellen sterben nie. Eltern leben weiter und immer weiter in neu entstandenem Leben.

Ei und Sperma sind Keimzellen. Nach neuesten Erkenntnissen unterliegen Keimzellen keinem Prozeß des Alterns und überbringen das Potential des Lebens von Generation zu Generation. Daneben haben wir gewöhnliche (somatische) Körperzellen. Während diese Zellen wachsen, verändern sie sich zu spezialisierten Geweben wie Nerven-, Muskel- oder Bindegewebe, sowie Sehnen, Knorpel, Haut, Knochen, Fettgewebe etc.; diese entwickeln sich schließlich zu spezialisierten Organen. Diese spezialisierten Gewebe- und Organzellen altern nun aber leider und sterben ab. Was läßt diese Zellen sterben?

Alexis Carrel, ein renommierter französischer Physiologie, fand den Grund dafür. Er erhielt ein Hühnerherz etwa 28 Jahre lang am Leben. Zuerst bebrütete er ein Hühnerei. Dann wurde dem sich entwickelnden jungen Küken das Herz entnommen und in Stücke geschnitten. Diese aus vielen Zellen bestehenden Herzstücke wurden in eine Nährlösung gebracht, deren Zusammensetzung genau derjenigen von Hühnerblut entsprach. Diese Lösung erneuerte er nun täglich und erhielt so das Herz etwa 28 Jahre lang am Leben. Als er die Lösung nicht mehr auswechselte, starb das Herz ab. Was hielt es so lange am Leben?

Des Rätsels Lösung liegt in der Tatsache, daß Carrel die Flüssigkeit täglich erneuerte. Sein Versuch führt uns zur modernen Physiologie, welche aussagt:

> „Damit Körperzellen weiterleben, gibt es eine Grundvoraussetzung: Die Zusammensetzung der Flüssigkeit, von der sie umspült werden, muß ständig unter Kontrolle sein, so daß nicht ein einziger wesentlicher Bestandteil mehr als wenige Prozent vom Normalwert abweicht. Tatsächlich können Zellen auch

außerhalb des Körpers weiterleben, sofern sie in eine Flüssigkeit getaucht werden, deren Bestandteile und physikalische Bedingungen mit denjenigen der Körperflüssigkeit identisch sind. Claude Bernard ... nannte die extrazelluläre Flüssigkeit (die Flüssigkeit also, die die Zellen umgibt) *Milieu interne*, die „innere Umwelt", und Walter Cannon ... bezeichnete die Erhaltung gleichbleibender Bedingungen als *Homöostase.*"

(Guyton, *Function of the Human Body.*)

Warum müssen nun diese die Zellen umgebenden Flüssigkeiten immer eine gleichbleibende Qualität aufweisen? Welche Beziehung besteht zwischen Zellen, Organen und Körperflüssigkeiten? Um diese Frage zu beantworten, müssen wir Milliarden von Jahren zum Ursprung des Lebens zurückgehen.

3. Ursprung des Lebens — Wasser

Kein Lebewesen, ob im Wasser oder zu Lande, kann ohne Wasser auskommen. Nicht eine einzige Körperzelle kann ohne Wasser überleben. Die gängigsten Schöpfungstheorien sehen den Ursprung des Lebens denn auch im Ozean. Interessant hier auch festzustellen, daß das chinesische Zeichen für Meer (海) aus drei Teilen zusammengesetzt ist:

Wasser (氵)   Mensch (人)   und Mutter (母).

Dieses Ideogramm bedeutet, daß das Meer die Mutter des Menschen ist. Am Anfang bildeten sich einzellige Strukturen aus einem Ozean, der sie auch ernährte — wahrscheinlich vor etwa drei Milliarden Jahren.

Dieser Ozean war eine perfekte Umwelt für die urtümlichen, einzelligen Organismen, zumal sich die Temperatur des Meerwassers nur sehr träge verändert und nur unwesentlich vom Wechsel von Wetter, Klima und Örtlichkeit beeinflußt wird. Zudem ist Wasser ein gutes Lösungsmittel und kann somit praktisch alles an Nährstoffen enthalten, was Lebewesen benötigen.

Sodann entwickelten sich, bedingt durch anderes Klima und veränderte Nahrung, einige Einzeller zu komplizierteren, vielzelligen Wesen. Die Zellen im Inneren dieser Wesen waren nun nicht mehr in unmittelbarem Kontakt mit dem Ozean. Damit sie trotzdem Nahrung bekommen und ihre Abfallstoffe loswerden konnten, mußten die Organismen den Ozean zwischen die Zellen und in sie hinein befördern. Auf diese Weise konnten die vielzelligen Wesen genauso wie die Einzeller im Ozean leben, denn der

‚innere Ozean' hatte dieselbe Zusammensetzung wie der äußere Ozean. Heute ist das Meer allerdings viel salziger als unsere extrazelluläre Flüssigkeit, da das Meerwasser durch Jahrmilliarden der Verdunstung konzentrierter geworden ist. Das Meer ist jetzt so salzig, daß wir nicht einmal mehr daraus trinken können. Tun wir es doch, wird sich der osmotische Druck derart erhöhen, daß wir immer mehr Körperflüssigkeit verlieren — wir dehydrieren — und sterben. Der osmotische Druck ist sehr wichtig, damit die Wassermenge im Körper konstant bleibt. Der osmotische Druck entsteht durch die enorme Lösungsfähigkeit von Wasser.

Die nächste, wichtige, chemische Eigenschaft von Wasser ist die Bildung von Ionen. Ionisierung tritt ein, wenn ein Atom Elektronen abgibt oder sie von einem anderen Atom übernimmt. Dies spielt sich zum Beispiel in einer wäßrigen Lösung von NaCl (Kochsalz) ab. Dabei nimmt Chlor (Cl) Elektronen von Natrium (Na) auf und wird zu einem negativ geladenen Ion. Wenn Na dagegen sein Elektron abgibt, wird es zu einem positiv geladenen Ion.

Weil ionisierte Stoffe Reaktionen bewirken, werden chemische Reaktionen auslösende Elemente generell als ionisiert betrachtet. Ohne die ionisierende Wirkung von Wasser gibt es keine chemischen Prozesse in unserem Körper. Das bedeutet Tod!

Der Übergang zu vielzelligen Wesen war eine einschneidende Veränderung für das Leben, weil nun die einzelnen Zellen sich zu spezialisieren begannen. Einige wurden steril und dienten nur noch zur Fortbewegung und zur Nahrungsbeschaffung, während andere den ursprünglichen Zustand als Fortpflanzungszelle beibehielten. Manche von den Fortpflanzungszellen erfuhren höchste Spezialisierung (in Ei und Sperma), während andere lediglich ihre anfängliche Fähigkeit behielten, nämlich Fortpflanzung durch einfache Teilung. Mit anderen Worten, es fand eine Differenzierung der Funktionen unter den Zellen des Verbandes statt, welche diesen nun klar von den isolierten Einzellern unterscheidbar machte und gleichzeitig den ersten Schritt zur Organisation eines komplexen Tieres ermöglichte, durch die Preisgabe der reproduktiven Kraft einiger Zellen. War dieser Schritt einmal vollbracht, setzte sich die Differenzierung der Soma-Zellen in unterschiedlichste Richtungen fort, hin zu immer größerer Komplexität und dann auf den langen Weg zu einer höchst ausgeklügelten Form wie derjenigen des Menschen.

Eine weitere, wichtige Veränderung, die sich in vielzelligen Organismen vollzog, habe ich schon erwähnt. Es ist der Umstand, daß sie damit begannen, die äußere Umwelt oder Umgebung (d.h. den Ozean) in den Körper hineinzutragen. Die innenliegenden Zellen waren vom direkten Zugang zu Nahrung, Wasser und Sauerstoff aus der entfernten, größeren Umgebung abgeschnitten und konnten die durch ihre Aktivität anfallenden Abfallprodukte auch nicht mehr dorthin ausscheiden. Die Annehmlichkeit der Versorgung und Entsorgung wurde nun durch Strömungen durch den Körper selbst gewährleistet: Blut und Gewebeflüssigkeit. Durch die Entstehung von Kreislaufsystemen gewannen lebende Kreaturen erheblich mehr Freiheit als einzellige Organismen und entwickelten sich weiter zu komplexeren Geschöpfen, die wir Fische nennen.

Einige der mehr yang-betonten Fische (dieser Ausdruck wird später erklärt) entwickelten die Fähigkeit, Sauerstoff aus der Luft zu nutzen, anstatt wie bisher aus dem Wasser. Sie wurden zu Amphibien. Das Emporsteigen aus dem Wasser an Land war die zweitgrößte Veränderung in der Entwicklung tierischen Lebens. Entsprechend den Schwankungen bei Temperatur, Feuchtigkeit und Sauerstoffgehalt in der neuen Umgebung veränderte sich auch die Nahrungssituation qualitativ und quantitativ. Diese Veränderungen bei Umweltbedingungen und Nahrungsmitteln sorgten für die Entwicklung von Komplexität in der Körperstruktur und in der Funktion der spezialisierten Tierzellen, und das führte schließlich zu hochentwickelten Muskeln, zu Organen, zu aufeinander abgestimmten Nerven- und Drüsensystemen einschließlich den Organen für Verdauung, Kreislauf und Atmung sowie zu Organen für Entgiftung und Abfallstoffkontrolle. Resultat war, die Tiere konnten konstantere innere Bedingungen als vorher vorweisen; sie waren nun mit aufeinander abgestimmten Nerven- und Drüsensystemen versehen.

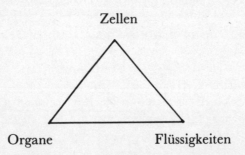

Organe, die flüssige innere Umwelt und die Zellen waren voneinander abhängig geworden. Diese drei, scheint mir, sind bei Vielzellern und höheren Lebewesen voneinander abhängig. Arbeitet ein Teil davon schlecht oder verdirbt, müssen die anderen sterben. Die einfachsten Lebewesen, die einzelligen Organismen, waren ursprünglich umgeben von Flüssigkeit, und hierin liegt der Ursprung der Zelle. Der Zustand und die Zusammensetzung der Flüssigkeit brachten die erste Zelle hervor. (Das entspricht nicht der gängigen, biologischen Lehrmeinung; nur ein paar Biologen sind dieser Ansicht, darunter Dr. K. Chishima.)

Analog dazu ist meiner Meinung nach der Zustand und die Zusammensetzung der Körperflüssigkeit, vor allem des Blutes, der wesentlichste Faktor in unserem Leben, will sagen, für unsere Gesundheit. Beim Menschen beseitigen Organe wie Nieren, Leber und besonders Dickdarm Abfall und Gifte und erhalten unsere innere Umwelt in bestmöglichem Zustand. Aber da gibt es Grenzen. Wenn wir zuviel giftproduzierende Nahrung aufnehmen oder aber nicht genug Stoffe, die zur Reinigung benötigt werden, dann gerät unsere innere Umwelt außer Kontrolle und entfernt sich von dem Zustand, in dem unsere Zellen gut leben können. Und so werden die Zellen krank und sterben ab. Viele Krankheiten sind nur eine Funktion bei dem Versuch des Körpers, diese innere Umwelt wieder in Ordnung zu bringen. Krebs beschreibt einen Zustand, in dem Körperzellen anormal werden, und zwar infolge des anormalen Zustandes der Körperflüssigkeiten.

Nun, wie sollte denn der Zustand der Körperflüssigkeit einschließlich des Blutes beschaffen sein? Das heißt, wie sauer, wie alkalisch? Die Körperflüssigkeit sollte sich leicht im alkalischen Milieu bewegen, wie Dr. Walter Cannon ausführte: „Es ist von größter Wichtigkeit für die Existenz und das einwandfreie Arbeiten der Zellen, daß das Blut keine nennenswerten Abweichungen in Richtung sauer oder alkalisch erfährt." Das gilt auch für die extrazellulären Flüssigkeiten.

Nun möchte ich über Säuren und Basen sprechen.

4. Warum wir über Säuren und Basen Bescheid wissen sollten

Kohlenhydrate, Eiweiße und Fette produzieren, wenn sie in den Stoffwechsel geraten, anorganische und organische Säuren. Proteine bilden Schwefel- und Phosphorsäure; Kohlenhydrate und Fette bilden Essig- und Milchsäure. Alle diese Säuren sind giftig. Wir müssen sie so schnell wie möglich aus dem Körper ausscheiden. Wenn dies aber nun via Nieren und Dickdarm geschähe, nähmen diese Organe durch die Säuren Schaden. Glücklicherweise werden diese Säuren aber im Körper durch Mineralstoffe neutralisiert. Zusammen ergeben Mineralstoffe und Säuren Substanzen, die nicht länger für uns giftig sind und gefahrlos ausgeschieden werden können.

Die Familie der Mineralstoffe, die Säuren neutralisieren, sind bestimmte Salze, die Carbonate, hier mit *Bas* CO_3 bezeichnet, wobei *Bas* für eines der basischen bzw. alkalischen Elemente Na, Ca, K und Mg steht. Wenn Carbonate auf starke Säuren wie z.B. Schwefelsäure, Phosphorsäure, Essigsäure oder Milchsäure treffen, spaltet sich das basische Mineral als Teil des Carbonates von dem Salz ab und verbindet sich mit der Säure, und ein neues Salz entsteht. Beispiel:

$$Bas CO_3 + H_2SO_4 = Bas SO_4 + H_2O + CO_2$$

Carbonat + Schwefelsäure = Sulfat + Wasser + Kohlendioxid.

Carbonat wandelt also Schwefelsäure, eine starke Säure, zu Sulfat um, welches völlig gefahrlos durch die Nieren ausgeschieden werden kann. Auf die gleiche Weise kann irgendeine andere Säure zu einem anderen Salz umgebildet und durch die Dickdarmwand ausgeschieden werden. Kurz: Säuren, die als Endprodukt des Stoffwechsels anfallen, können *nur* nach Umwandlung in neutrale Salze ausgeschieden werden. Erst dann sind sie nicht mehr schädlich für Nieren und Dickdarmwand.

Die Folge dieser Umwandlung von Säure in neutrales Salz, das bleibt festzuhalten, ist eine Verminderung der Konzentration von alkalischen Elementen wie Na, Ca, Mg und K im Blut und damit in der extrazellulären Flüssigkeit. Es ist diese verminderte Konzentration von alkalischen Elementen, was als saurer Zustand der Körperflüssigkeit bezeichnet wird. Wollen wir gesund bleiben, muß unsere Körperflüssigkeit auf dem pH-Wert 7,4 gehalten werden, und wir müssen die verlorenen alkalischen Elemente wieder ersetzen, und zwar aus der Nahrung, die wir essen.

Dies ist einer der Gründe dafür, daß wir ausreichend basenbildende Lebensmittel aufnehmen müssen, um die Körperflüssigkeiten ständig alkalisch zu erhalten. Ein weiterer Grund, basenbildende Nahrung zu uns zu nehmen, ist, daß eine Verminderung der basenbildenden Elemente Na und Ca in der extrazellulären Flüssigkeit auch einen Schwund von K und Mg, den anderen basenbildenden Elementen in den intrazellulären Körperflüssigkeiten, bewirkt. Handelt es sich dabei um die intrazelluläre Flüssigkeit innerhalb von Nervenzellen, stellen diese Nerven ihre Arbeit ein — d.h. sie übermitteln keine Botschaften mehr. Resultat: Wir fallen ins Koma. Es ist also eine äußerste Notwendigkeit, genügend alkalische Elemente in unserer Körperflüssigkeit verfügbar zu haben, um einen pH-Wert von 7,4 aufrechtzuerhalten.

Des weiteren ist eine der Hauptursachen von Krebs — und anderen degenerativen Krankheiten — der kumulative Effekt eines sauren Milieus der Körperflüssigkeit. Sie sehen, wenn Sie das Säure/Base-Gleichgewicht, wie in diesem Buch dargestellt, studieren, können Sie fast sämtliche Krankheiten verhüten, darunter Krebs, Herzinfarkt, Schlaganfall und AIDS.

SÄUREN & BASEN

KAPITEL II

Säuren und Basen — das westliche Modell

1. Säuren und Basen im Haushalt

Säure finden Sie in Ihrem Auto. Die Flüssigkeit in der Batterie ist Säure. Und zwar eine starke Säure — nämlich Schwefelsäure. Tropft sie auf Ihre Kleidung, wird sie diese verätzen. Ihr Geschmack ist sauer.

Das Wort *Säure* ist hergeleitet von saurem, scharfem oder beißendem Geschmack. Der saure Geschmack von Apfelsinen, Grapefruit, Weintrauben oder Buttermilch kommt durch die darin enthaltene Säure zustande. An ihrer äußeren Erscheinung können wir eine Säure nicht erkennen. Doch es gibt ein praktisches, einfaches Mittel zur Säurebestimmung, und zwar Lackmuspapier. Lackmus ist ein pflanzliches Präparat, ein blauer Extrakt aus Flechten. Wenn er mit einer Säure in Kontakt kommt, ändert sich seine Farbe in rot. Lackmuspapier kann man in jeder Drogerie kaufen. Das ist einfach mit Lackmus getränktes und dann getrocknetes Löschpapier. Es ist in Streifenform im Handel, und es gibt diese Streifen in zwei Sorten, blaue und rote. Die blauen sind für den Nachweis von Säuren, die roten für den Nachweis von Basen.

Geben Sie etwas Essig in eine Schale und tauchen einen blauen Lackmusstreifen hinein, die blaue Farbe wird sich in rot verwandeln. Die in Essig enthaltene Säure hat den Farbumschwung bewirkt. Essig ist im wesentlichen eine schwache Lösung von Essigsäure. Essigsäure wird kommerziell zur Herstellung von unter der Bezeichnung Acetate bekannten Verbindungen verwendet. Fotografie-Filme, bestimmte Kunstfasern, manche Kunststoffe und Lacke sind Acetate. Waschen Sie nun das für den Essig verwendete Gefäß aus und träufeln etwas Zitronensaft hinein. Wieder wird blaues

Lackmuspapier rot werden, weil Zitronensaft Zitronensäure enthält.

Neben Zitronensaft und Essig gibt es viele weitere Nahrungssubstanzen, die Säuren enthalten, welche mit blauem Lackmuspapier nachgewiesen werden können. Tauchen Sie blaue Lackmusstreifen in verschiedene flüssige Lebensmittel wie Grapefruitsaft, Tomatensaft, Buttermilch u.a. und beobachten, was passiert.

In Bohnenkaffee und Schwarztee gibt es beträchtliche Mengen Tanninsäure, auch Tannin genannt. Ihre Anwesenheit in diesen Getränken kann mit blauem Lackmuspapier nachgewiesen werden.

Lauge, Backpulver und Seife ergeben, in Wasser gelöst, alkalische Verbindungen. Wie Säuren zeigen auch die Basen ihre charakteristischen Merkmale nur in wäßriger Lösung. Eine trockene Base ist genauso unwirksam wie eine trockene Säure. Generell färbt eine Base rotes Lackmuspapier blau. Warum färbt eine Base rotes Lackmuspapier blau? Geben Sie etwas Ammoniak in ein Gefäß und tauchen einen roten Lackmusstreifen hinein, die rote Farbe wird sich in blau verwandeln. Auch Kalkwasser und Magnesiummilch färben rotes Lackmuspapier blau.

Wenn eine Säure mit einer Base gemischt wird, findet sofort eine Reaktion statt. Die beiden neutralisieren einander, und in dem Moment, wo das geschieht, sind beide, Säure wie Base, verschwunden. An ihrer Stelle erscheint Wasser und eine Verbindung mit der Bezeichnung Salz. Mit dem Wort ‚Salz' ist in der Umgangssprache gewöhnlich nur unser Kochsalz gemeint. Doch chemisch betrachtet ist Salz der generelle Begriff für eine große Gruppe nützlicher Verbindungen. Die folgenden Salze findet man im Haushalt:

Umgangssprachliche Bezeichnung	*Chemische Bezeichnung*
Kochsalz, Salz	Natriumchlorid
Backpulver, Natron	Natriumhydrogencarbonat
Borax	Natriumtetraborat
Kernseife	Natriumstearat
Gips	Calciumsulfat
Kalk	Calciumcarbonat

Besonders an dunklen, schattigen Stellen, wo Moos wächst, enthält die Erde oft genügend Säure, um blaues Lackmuspapier rot zu färben. Zur Prüfung des Säure- oder Basengehaltes bei Erde verrühren Sie sie mit Wasser und tauchen einen Streifen Lackmuspapier hinein. Wird ein blauer Streifen rot, ist der Boden sauer, wird dagegen ein roter Streifen blau, ist der Boden alkalisch.

Allgemein läuft der Stoffwechselprozeß in der Pflanzenwelt von sauer nach alkalisch, während er im Tierreich von alkalisch nach sauer verläuft.

2. Was sind Säuren und Basen?

In *Funk and Wagnall's Encyclopedia* heißt es:

„Säuren sind chemische Verbindungen, die das Element Wasserstoff enthalten und die Fähigkeit haben, positiv geladene Wasserstoffionen für eine chemische Reaktion abzugeben. Der Säuregrad ist relativ und abhängig von der Fähigkeit, Wasserstoffionen abzugeben oder aufzunehmen. So wirkt Wasser, welches gemeinhin als neutral angesehen wird, als Base, wenn es mit reiner Essigsäure gemischt wird, und als Säure, wenn es mit flüssigem Ammoniak zusammenkommt ...

Die meisten Säuren sind zu erkennen an saurem Geschmack, an typischer Wirkung auf bestimmte organische Farbstoffe (zu erwähnen die Rotfärbung von blauem Lackmus) und an ihren Fähigkeiten a) bestimmte Metalle (wie Zink) unter Freisetzung von Wasserstoff zu lösen und b) alkalische Substanzen zu neutralisieren.

Basen oder Laugen sind chemische Verbindungen, die die Eigenschaft haben, in Lösung (OH)¯-Ionen zu bilden. Ihre Eigenschaften sind generell denjenigen der Säuren entgegengesetzt, und sie neutralisieren Säuren, indem sie mit ihnen reagieren, um Salze zu bilden. Der Begriff ‚Alkali', ursprünglich verwendet für die durch das Auslaugen von Pflanzenasche erhaltenen Salze, welche vorwiegend aus Natrium- und Kaliumcarbonat bestehen, beschränkt sich heute auf die Hydroxide der *alkalischen Metalle* Lithium, Natrium, Kalium, Rubidium, Caesium und Francium und der Ammoniumgruppe NH_4 ... Alle Basen sind wasserlöslich, wie auch die meisten Verbindungen der Alkali-Metalle. Alkali-Metalle sind alle einwertig und stark positiv geladen."

Atome haben Protonen im Kern (Nucleus) und Elektronen auf ihren Umlaufbahnen, wie hier abgebildet.

1913 schlug der dänische Wissenschaftler Niels Bohr ein Modell des Atoms vor, welches den Chemikern heute noch gute Dienste leistet. E.I.

Rutherford zeigte dann, daß die Masse des Atoms im unvorstellbar kleinen, positiv geladenen Kern konzentriert ist. Drumherum bewegen sich in endlosen Umlaufbahnen Wolken von negativ geladenen Satelliten, Elektronen genannt. Die negative Ladung der Elektronen wird durch die positive Ladung des Kerns aufgehoben, so daß das Atom in seinem Normalzustand elektrisch neutral ist.

Im Falle von Wasserstoff (H) besteht das Atom aus einem einzigen Proton und einem einzigen, dieses umkreisenden Elektron, so wie in der Abbildung gezeigt. Wenn das Wasserstoffatom dieses Elektron abgibt, ist nur noch das Proton übrig; dieses wird Wasserstoffion (H^+) genannt. Weil das jedoch kein Normalzustand für das Wasserstoffatom ist, ist es chemisch instabil oder aktiv. Dieses Proton (H^+) reizt unsere Zunge und bewirkt die saure Geschmacksempfindung. Die chemische Lösung, die diesen sauren Geschmack auslöst, nennt man Säure. Stoffe, die sich mit Protonen verbinden, heißen Basen; sie haben als besonderes Elektron die Gruppe OH^-.

In unseren Körperflüssigkeiten — Blut und Zellflüssigkeit — gehen Säuren und Basen ineinander über und gewährleisten permanent einen konstanten Zustand von Alkalinität bzw. Azidität. Säuren und Basen sind Vorder- und Rückseite ein und derselben Medaille, eine chemische Eigenschaft jeder Lösung.

3. Säuren und Basen im menschlichen Körper

Unser Körper sondert vielerlei Arten von Flüssigkeiten ab, die er instandhalten muß. Sie haben unterschiedliche pH-Werte. Die wichtigste dieser Flüssigkeiten ist das Blut, welches allzeit leicht alkalisch sein muß.

Tafel 1. Beispiele für pH-Werte

Säure	pH	Base	pH
Magensaft	1,5	Speichel	7,1
Wein	3,5	Blut	7,4
Bier	4,4	Meerwasser	8,1
Kuhmilch	6,5	Bauchspeichel	8,8
		Seife	9,1
		Natron (Backpulver)	12,0

Körperliche Betätigung erzeugt Milchsäure und Kohlendioxid. Mit Wasser (H_2O) wird aus Kohlendioxid (CO_2) Kohlensäure (H_2CO_3). Außerdem entstehen im Körper Phosphorsäure und Schwefelsäure durch Oxidation von Phosphor (P) und Schwefel (S), die beide in der Nahrung enthalten sind. Dadurch wird das Blut sauer. Andererseits werden alkalische Elemente wie Natrium (Na), Kalium (K), Magnesium (Mg) und Calcium (Ca) in großen Mengen aufgenommen, vor allem in pflanzlicher Kost. Die Magensäfte, die zur Verdauung der alkalischen Nahrungsmittel ausgeschüttet werden, sind sauer. Das Blut verliert durch Sekretion von alkalischer Gallenflüssigkeit und durch reichen Verzehr basenbildender Pflanzennahrung seinen sauren Charakter und wird alkalisiert.

Die Säurestärke einer Lösung hängt von der Anzahl vorhandener Wasserstoffionen (H^+) ab. Dementsprechend hängt die Basenstärke einer Lösung von der Konzentration vorhandener $(OH)^-$-Ionen ab — $(OH)^-$ ist eine Verbindung von Wasserstoff (H) und Sauerstoff (O), die durch ein zusätzliches, freies Elektron negativ geladen ist.

Reines Wasser von 22° C enthält auf zehntausend Liter Wasser ein Gramm ionisierten Wasserstoff, somit ist die Konzentration ein Zehnmillionstel oder $1/10^7$ oder 10^{-7}. Gleichsam beträgt die $(OH)^-$-Ionen-Konzentration in reinem Wasser 10^{-7}. Üblicherweise wird diese Konzentration von Wasserstoffionen mit der Bezeichnung pH 7 benannt. Ist die H^+-Ionen-Konzentration 10^{-6}, ergibt dies einen pH-Wert von 6. Das zeigt die Stärke einer Säure bzw. den Säuregrad in einer Lösung an. Einer H^+-Ionen-Konzentration von 10^{-8} entspricht der pH 8. Ist also der pH-Wert größer als 7, liegt eine alkalische Lösung vor, ist er kleiner als 7, handelt es sich um eine saure Lösung.

Der pH-Wert des Blutes liegt bei 7,4, also leicht auf der alkalischen Seite. Dieser Zustand muß ziemlich genau eingehalten werden; selbst kleinste Abweichungen sind gefährlich. Steigt die H^+-Ionen-Konzentration auf pH 6,95, also ganz knapp in den sauren Bereich auf der Skala, heißt das bereits: Koma mit Todesfolge. Und fällt die H^+-Ionen-Konzentration im Blut von pH 7,4 auf pH 7,7, treten starrkrampfartige Zuckungen ein. Bei saurem Blut erschlafft das Herz und hört zu schlagen auf, und bei zu alkalischem Blut schrumpft es und hört ebenfalls zu schlagen auf.

Natriumhydrogencarbonat ($NaHCO_3$; alkalisch) und Kohlensäure (H_2CO_3; wenig beständige Säure) sind zwei Stoffe, die in gelöster Form in unserem Blutplasma vorkommen. Erhöhen wir die Menge von Kohlensäure, wie beispielsweise durch Gymnastik, wird das Blut saurer. Doch wenn wir für ein bis zwei Minuten tief durchatmen, wird die Konzentration von

CO_2 in den Lungenbläschen geringer, was die Lunge veranlaßt, dem Blut CO_2 zu entziehen. Das heißt, die H_2CO_3 im Blut verliert CO_2 und wird zu H_2O. Dadurch wird das Blut weniger sauer und mehr alkalisch.

Eine andere Möglichkeit, einer Übersäuerung entgegenzuwirken, hat der Körper durch Blut-Puffer. Das sind Mischungen von schwachen Säuren mit Salzen starker Basen. Blut-Puffer bewahren das Blut vor extremen pH-Schwankungen und setzen Veränderungen der H^+-Ionen-Konzentration Widerstand entgegen. Mehr über Blut-Puffer von Cannon aus *The Wisdom of the Body*:

> „Gelangt eine nichtflüchtige Säure wie Salzsäure (HCl) oder Milchsäure (die wir hier einmal mit HM bezeichnen) ins Blut, vereinigt sie sich mit Natrium aus dem Natriumcarbonat und gibt Kohlendioxid frei, und zwar nach folgender Gleichung:
>
> $$HCl + NaHCO_3 = NaCl + H_2O + CO_2 \text{ oder}$$
> $$HM + NaHCO_3 = NaM + H_2O + CO_2$$
>
> *[Beachten Sie: Das alkalische NaM ist die Umwandlung der Säure HM!]*
>
> NaCl ist das gewöhnliche Tafelsalz, eine neutrale, harmlose Substanz. H_2O und CO_2 bilden die bekannte Kohlensäure (H_2CO_3), eine flüchtige Säure. Die Beigabe der starken Säure, HCl oder HM, hat natürlich das Blut vorübergehend saurer gemacht, indem Kohlensäure entstanden ist. Wie wir schon gesehen haben, regt aber die Zunahme von CO_2 das Atemzentrum an, und die daraus resultierende, erhöhte Luftzufuhr von der Lunge beseitigt die überschüssige Säure prompt und rasch, und zwar sowohl die durch Verdrängung aus $NaHCO_3$ entstandene (wie in den obigen Gleichungen) als auch jene, die nun des reduzierten $NaHCO_3$ wegen im Übermaß vorhanden ist. Sobald das überschüssige CO_2 ausgeatmet ist und das übliche Mengenverhältnis von H_2CO_3 zu $NaHCO_3$ allmählich wiederkehrt, ist der normale Zustand des Blutes wiederhergestellt, und das tiefere Atmen hört auf.
>
> In der in den vorangegangenen Abschnitten beschriebenen Situation diente das Natriumhydrogencarbonat im Plasma zum Schutz des Blutes vor jeglicher stärkeren Säuerung. Aufgrund seiner Fähigkeit zur Bewältigung dieser Aufgabe wird es ‚Puffer-Salz' genannt. Ein anderes solches Puffer-Salz ist insbesondere in den roten Blutkörperchen zu finden: Dinatriumhydrogenphosphat (Na_2HPO_4). Gelangt nun eine Säure ins Blut, wird sie also nicht nur durch Natriumhydrogencarbonat gepuffert, sondern auch durch Dinatriumhydrogenphosphat, wie die folgende Gleichung zeigt:
>
> $$Na_2HPO_4 + HCl = NaH_2PO_4 + NaCl$$
>
> Beachten Sie wiederum, daß dabei gewöhnliches Kochsalz gebildet wird — und

ferner Natriumdihydrogenphosphat. Nun ist es aber so, daß beide Natriumphosphate, das ‚alkalische' Na_2HPO_4 ebenso wie das ‚saure' NaH_2PO_4, beinahe neutrale Substanzen sind. Die starke Salzsäure hat durch die Umwandlung des alkalischen Natriumphosphates in das saure den pH-Wert des Blutes nicht wesentlich verändert. Dennoch ist das saure Phosphat eine leichte Säure und darf sich nicht ansammeln. Im Gegensatz zu Kohlensäure ist es nichtflüchtig und kann deshalb nicht ausgeatmet werden. Hier kommen die Nieren ins Spiel und tragen ihren Teil zur Beschränkung der Schwankungen im Säure/Base-Gleichgewicht bei.

Treten aber größere Mengen nichtflüchtiger — und demzufolge nicht ausatembarer — Säuren im Blut auf, besteht die Gefahr, daß die alkalischen Elemente der Blutsalze, vor allem Natrium, via Nieren aus dem Körper geschwemmt werden. Unter diesen Umständen ist es interessant festzustellen, daß Ammoniak (NH_3), welches alkalisch ist, statt Natrium dazu genommen werden kann, die Säure zu neutralisieren. Ammoniak ist ein Abfallprodukt aus organischen Prozessen und wird normalerweise in Harnstoff (neutrale Substanz) umgewandelt und ausgeschieden. Immer wenn ein Verlust der basischen Bestandteile (d.h. Natrium, Calcium und Kalium) droht, werden Ammoniumsalze gebildet und ins Blut ausgeschüttet, danach durch die Glomeruli und die Nierenkanälchen herausgefiltert und ausgeschieden."

4. Säuren und Basen — die modernere Theorie

Die modernere Säure/Base-Theorie definiert als Säure jede Substanz, die Protonen (H^+-Ionen) abgibt, und als Base jeden Stoff, der Protonen aufnimmt. Säuren sind Protonendonatoren und Basen Protonenakzeptoren.

Diese Definition von Säuren deckt sich mit der älteren Sicht, diejenige der Basen jedoch ist um vieles weiter gefaßt. Die folgenden Gleichungen zeigen dies:

	Säure		*Base*
1)	HCl	$\longleftrightarrow$	$H^+ + Cl^-$
2)	HCN	$\longleftrightarrow$	$H^+ + CN^-$
3)	CH_3COOH	$\longleftrightarrow$	$H^+ + CH_3COO^-$
4)	H_2CO_3	$\longleftrightarrow$	$H^+ + HCO_3^-$
5)	HCO_2^-	$\longleftrightarrow$	$H^+ + CO_3^{2-}$
6)	H_2SO_4	$\longleftrightarrow$	$H^+ + HSO_4^-$
7)	HSO_4^-	$\longleftrightarrow$	$H^+ + SO_4^{2-}$
8)	NH_4^+	$\longleftrightarrow$	$H^+ + NH_3$
9)	NH_3	$\longleftrightarrow$	$H^+ + NH_2^-$
10)	H_2O	$\longleftrightarrow$	$H^+ + OH^-$
11)	H_3O^+	$\longleftrightarrow$	$H^+ + H_2O$

Nach dem neuen Konzept von Säuren und Basen können Wasser und Ammoniak entweder sauer oder alkalisch sein. Das ist an folgenden Beispielen zu sehen:

1) In Gleichung 10: Wasser gibt H^+ ab, wirkt also als Säure.
2) In Gleichung 11: Wasser nimmt H^+ auf, wirkt also als Base.
3) In Gleichung 9: Ammoniak gibt H^+ ab, wirkt also als Säure.
4) In Gleichung 8: Ammoniak nimmt H^+ auf, wirkt also als Base.

Folglich sind sauer und alkalisch die zwei charakteristischen Zustände einer Lösung. Jede Lösung ist entweder mehr sauer oder mehr alkalisch. Dominieren die sauren Eigenschaften, ist die Lösung eine Säure. Doch ein absolutes Sauer oder Alkalisch gibt es nicht. Eine saure Lösung enthält auch immer einige alkalische Faktoren, und eine alkalische Lösung enthält stets einige saure Faktoren. Neutralität ist ein Idealzustand, bei dem genausoviele H^+-Ionen wie OH^--Ionen vorliegen. Doch das ist unrealistisch. Was wir essen oder trinken, ist in Wirklichkeit stets eher sauer oder alkalisch.

Die Charaktermerkmale von Säure und Base ähneln sehr dem fernöstlichen Konzept von Yin und Yang, welches sich in so altehrwürdigen, großartigen Werken wie dem *Tao Te King* und dem *Nei Ching* findet. Das Konzept von Yin und Yang ist das Konzept vom Leben. Yin und Yang sind nicht statisch, Yin- und Yang-Zustände wechseln sich fortwährend ab im Leben, ganz genau wie auch Säuren und Basen in uns wirken. Hier sehe ich die Ähnlichkeit zwischen dem westlichen Konzept der Chemie oder des Lebens – Säure/Base – und dem östlichen Konzept des Lebens – Yin/Yang. Säuren und Basen können quantitativ erfaßt werden, wohingegen Yin und Yang schwerlich in dieser Weise dargestellt werden können; vielmehr ist das ein philosophisches Konzept. So ist es denn auch naheliegend, daß die Abendländer mit ihrem eher materialistischen Denken das Säure/Base-Modell entwickelt haben, während im Osten die mehr spirituell orientierten Denker das Yin/Yang-Konzept entwarfen. Für unsere Gesundheit ist das Verständnis beider gleichermaßen von großer Bedeutung. In diesem Buch will ich versuchen, diese beiden Konzepte zu kombinieren.

5. Säure- und basenbildende Elemente

Es gibt zwei Arten von sauren und alkalischen Nahrungsmitteln. Da ist zum einen die saure oder alkalische Nahrung selbst, zum anderen die säure*bildende* oder basen*bildende* Nahrung.

Saure oder alkalische Nahrung — das bedeutet, wieviel Säure oder Base

Tafel 2. pH-Wert verschiedener Nahrungsmittel

Nahrungsmittel	pH	Nahrungsmittel	pH	Nahrungsmittel	pH
Limonen	1,9	Pfirsiche	3,5	Weißbrot	5,5
Zitronen	2,3	Sauerkraut	3,5	Süßkartoffeln	5,5
Preiselbeeren	2,5	Kirschen	3,6	Spargel	5,6
Stachelbeeren	2,9	Oliven	3,7	Käse	5,6
Pflaumen	2,9	Aprikosen	3,8	Kartoffeln	5,8
Essig	2,9	Fruchtkonfitüre	3,8	Weizenmehl	6,0
Softdrinks	3,0	Birnen	3,8	Thunfisch	6,0
Äpfel	3,1	Weintrauben	4,0	Erbsen	6,1
Apfelwein	3,1	Tomaten	4,2	Lachs	6,2
Fruchtgelee	3,1	Bier	4,5	Butter	6,3
Grapefruit	3,2	Bananen	4,6	Mais	6,3
saure Pickles	3,2	Süßkürbis	5,0	Datteln	6,3
Rhabarber	3,2	Rüebli/Möhren	5,1	Austern	6,4
Erdbeeren	3,3	Rote Beete/Randen	5,2	Kuhmilch	6,5
Wein	3,3	Kürbis	5,2	Ahornsirup	6,8
Brombeeren	3,4	Weißkohl	5,3	Garnelen	6,9
Dill-Pickles	3,4	Weiße Rüben	5,4	reines Wasser	7,0
Himbeeren	3,4	Spinat	5,4	Maisbrei	7,4
Apfelsinen	3,5	Bohnen	5,5	Salz	7,5

in der Nahrung enthalten ist. Tafel 2 zeigt eine solche Liste nach pH-Wert geordneter Nahrungsmittel, ein Maßstab für den Säuregrad. Niedrige Zahl bedeutet stärker sauer, hohe Zahl bedeutet schwächer sauer, pH 7 ist neutral und pH größer als 7 ist alkalisch (basisch). Dieses Konzept von saurer und alkalischer Nahrung wird gemeinhin angewendet. Wenn sich aber Ernährungsfachleute über säurebildende und basenbildende Nahrungsmittel unterhalten, unterscheidet sich das von den nach Säure/Base in Tafel 2 aufgelisteten Nahrungsmitteln. Sie sprechen dann über die Fähigkeit der Nahrung, Säuren bzw. Basen zu *bilden*. Anders gesagt, Limonen mit ihrem pH-Wert von 1,9 sind stark säurehaltig, gehören aber zu den basenbildenden Nahrungsmitteln. Mit säurebildend bzw. basenbildend beschreiben Ernährungsfachleute den Zustand, den die Nahrung im Körper nach dem Verdauungsvorgang hervorruft.

Die meisten Proteine in der Nahrung enthalten Schwefel, und viele auch Phosphor. Nach der Verdauung des Proteins bleiben diese Elemente in

Form von Schwefelsäure und Phosphorsäure übrig und müssen von Ammoniak, Calcium, Natrium und Kalium neutralisiert werden, bevor sie von den Nieren ausgeschieden werden können. Aus diesem Grund sind eiweißreiche Nahrungsmittel, vor allem tierische, im allgemeinen säurebildend. Das gilt aber auch für die meisten Getreide, weil auch sie viel Schwefel und Phosphor enthalten.

In Früchten und den meisten Gemüsen hingegen enthält die organische Säure, die wir z.B. in sauren Apfelsinen schmecken, viele solcher Elemente wie Kalium, Natrium, Calcium und Magnesium. Organische Säuren werden durch Oxidation zu Kohlendioxid und Wasser; die alkalischen Elemente (K, Na, Ca, Mg) bleiben übrig und neutralisieren die Säuren im Körper. Anders ausgedrückt, paradoxerweise *vermindern saure Nahrungsmittel die Säuren im Körper!* Deshalb werden Früchte und die meisten Gemüse als basenbildend eingestuft. Umgekehrt produzieren eiweißreiche Nahrung und die meisten Getreide nach erfolgter Verdauung Säuren, die neutralisiert werden müssen; somit sind sie generell säurebildend.

Kurz, es gibt zwei Arten von Elementen in unserer Nahrung: Säurebildende und basenbildende Elemente.

Säurebildende Elemente	*Basenbildende Elemente*
Schwefel (S)	Natrium (Na)
Phosphor (P)	Kalium (K)
Chlor (Cl)	Calcium (Ca)
Jod (J)	Magnesium (Mg)
	Eisen (Fe)

Calcium (basenbildend)

The Yearbook of Agriculture 1959 (Jahrbuch 1959 des Landwirtschaftsministeriums) stellt fest:

> „Calcium als das am meisten vorkommene Mineral im Körper macht etwa 1,5 bis 2,0% vom Gewicht einer erwachsenen Person aus. Gewöhnlich ist es mit Phosphor assoziiert ... [Phosphor ist säurebildend] Eine Person von 70 kg hätte also 1 bis 1,4 kg Calcium und 540 bis 770 g Phosphor im Körper.
>
> Etwa 99% vom Calcium und 80 bis 90% vom Phosphor befinden sich in den Knochen und den Zähnen. Alles übrige findet sich im weichen Gewebe und in Körperflüssigkeiten und ist äußerst wichtig für deren normales Funktionieren.
>
> Calcium ist essentiell für die Blutgerinnung, für die Tätigkeit bestimmter

Tafel 3. Durchschnittliches Vorkommen von Mineralstoffen in einem 70 kg schweren Erwachsenen

Säurebildende Elemente		Basenbildende Elemente	
Cl	85,000 g	Na	63 g
P	670,000 g	K	150 g
S	112,000 g	Ca	1.160 g
J	0,014 g	Mg	21 g
		Fe	3 g

Quelle: *Medical Physiology*, von Arthur Guyton, S. 858

Tafel 4. Täglicher Mineralstoffbedarf für einen 70 kg schweren Erwachsenen

Säurebildende Elemente		Basenbildende Elemente	
Cl	3,50 000 g	Na	3,000 g
PO_4	1,50 000 g	K	1,000 g
J	0,00 025 g	Ca	0,800 g
		Mg	unbekannt
		Fe	0,012 g

Quelle: *Medical Physiology*, von Arthur Guyton, S. 858

Enzyme und für die Kontrolle über den Durchlaß von Flüssigkeiten durch die Zellwände. Das richtige Verhältnis von Calcium im Blut ist für das abwechselnde Kontrahieren und Entspannen des Herzmuskels verantwortlich.

Die Erregbarkeit der Nerven wird erhöht, wenn das Blutcalcium unter den Normalwert fällt.

Calcium in einer komplexen Verbindung mit Phosphor verleiht Knochen und Zähnen ihre Härte und Festigkeit ...

Der komplizierte Prozeß der Knochenbildung erfordert neben Calcium und Phosphor viele Nährstoffe. Vitamin D ist unverzichtbar für die Absorption aus dem Darmtrakt und die geordnete Ablagerung des Knochenmaterials. Proteine werden für das Gerüst und für Teile jeder Zelle und der zirkulierenden Flüssigkeit benötigt. Vitamin A hilft bei der Ablagerung der Mineralstoffe. Vitamin C wird für das Bindematerial zwischen den Zellen und für die Haltbarkeit der Blutgefäßwände gebraucht ...

Sind die Calciumreserven aufgebraucht, muß das Calcium aus dem Knochengerüst entnommen werden — gewöhnlich zuerst von Wirbelsäule und Becken ... Wird das in Zeiten erhöhten Bedarfs entnommene Calcium nicht ersetzt, entsteht ein Calcium-Defizit im Knochen sowie Subnormalität in seiner Zusammensetzung. Einem voll ausgebildeten Knochen können zwischen 10 und 40% der Normalmenge Calcium entnommen werden, bevor dieser Mangel auf Röntgenbildern zu sehen sein wird ...

Das absorbierte Calcium wandert im Blutstrom zu den Orten, wo es benötigt wird, besonders zu den Knochen. Was von dem absorbierten Calcium keine Verwendung findet, wird von den Nieren in den Urin abgeführt. Das einwandfreie Arbeiten der Nieren ist für den normalen Stoffwechselhaushalt von Calcium und anderen Mineralen unerläßlich.

Vitamin D ist lebenswichtig für die Absorption von Calcium aus dem Magen-Darm-Trakt. Vitamin D kommt nur in wenigen Nahrungsmitteln vor, in der Hauptsache sind Eigelb, Butter, gehärtete Margarine und bestimmte Fisch-Öle zu nennen.

Eine besondere Substanz namens Ergosterin kommt in der Haut vor und wird durch die ultraviolette Strahlung der Sonne in Vitamin D umgewandelt."

Bei der makrobiotischen Kost essen wir kaum Fleisch, Geflügel oder Fisch, und wir trinken auch keine Milch. Ich glaube, daß durch Sonnenschein genügend Vitamin D zur Verfügung steht. Wenn Kinder Anzeichen von Calciummangel zeigen (Rachitis), sind Milch, Lebertran oder kleine, ganz gegessene Fische zu empfehlen. Haben Sie Angst vor Vitamin D-Mangel, essen Sie bitte Pilze.

Nach James Moon ist Vitamin D ein Hormon tierischen Ursprungs (siehe *Macrobiotic Explanation of Pathological Calcification* von J. Moon). Ich bin aber überzeugt, daß wir imstande sind, ausreichende Mengen Vitamin D selbst zu produzieren, wenn wir uns ausgewogen ernähren.

„Die Konzentration von *Calcium im Blutplasma* der meisten Säugetiere und vieler Wirbeltiere liegt bemerkenswert konstant bei 2,5 Millimol (10mg/100ml Plasma). Im Plasma tritt Calcium in drei Formen auf: Als freies Ion, in Proteinen gebunden und an organische (*z.B.* Citrat) oder anorganische (*z.B.* Phosphat) Säuren angelagert. Etwa 47,5% freie Ionen, 46% in Proteinen und 6,5% in der angelagerten Form, letzteres je zur Hälfte in Citrat und Phosphat." (Williams und Lansford, *The Encyclopedia of Biochemistry*, S. 162.)

In *The Yearbook of Agriculture 1959* steht:

„Das Nebenschilddrüsenhormon hält den Calciumspiegel im Blut auf einem normalen Wert von etwa 10mg pro 100ml Blutserum (Serum heißt der wäßrige

Tafel 5. Vitamin D-Gehalt verschiedener Nahrungsmittel

Ganze I.E. (internationale Einheiten) per 100 g Nahrungsmittel

Kuhmilch	0,003	Butter	0,1
Muttermilch	0,002	Markrele	12,0
Ei	0,070	Kabeljau	2,5
Schweinsleber	0,010	Shiitake-Pilz	2639,0
Rindsleber	0,010	Kiefernpilz	2103,0
Sardine	0,045	Hefebrot	3657,0

(Japanese National Nutrition Research Institute)

Teil des Blutes, welcher sich vom Blutgerinnsel absondert.)
Jede größere Abweichung von diesem Wert ist gefährlich für Leib und Leben. [Die Ansicht von Dr. T. Katase hierzu im zweiten Teil dieses Kapitels.] Das Hormon kann Calcium und Phosphor vom Knochen ins Blut verlagern. Sind die Blutspiegel zu hoch, erhöht es die Ausscheidung dieser Mineralien durch die Nieren. Wird durch irgendetwas die Sekretion des Nebenschilddrüsenhormons verringert, fällt der Blutcalciumspiegel rasch, der Phosphorspiegel steigt und ernste Muskelzuckungen sind die Folge."

Phosphor (säurebildend)

Phosphor macht 0,8 bis 1,1% vom Körpergewicht aus. Phosphor ist essentieller Bestandteil einer jeden lebenden Zelle. Phosphor ist an den chemischen Reaktionen mit Proteinen, Fetten und Kohlenhydraten beteiligt, was dafür verantwortlich ist, daß der Körper Energie und Lebensbaustoffe für Wachstum und Instandhaltung erhält; z.B. die Phospholipide, die wichtig für den Aufbau der Zellmembranen und die Synthese von DNS und RNS sind. Phosphor hilft dem Blut, Säuren und Basen zu neutralisieren. Zusammen mit Calcium wirkt Phosphor bei der Bildung von Knochen und Zähnen mit.

Erwachsene sollten etwa gleichviel Phosphor wie Calcium haben, Kinder etwa eineinhalbmal soviel Phosphor wie Calcium. Normalerweise wird der Bedarf an Phosphor durch dieselben Lebensmittel gedeckt, die auch den Bedarf an Calcium und Eiweiß befriedigen, so daß eine Kost, die ausreichend von diesen zwei liefert, im Normalfall ebenso gut auch für genug Phosphor sorgt.

Tafel 6. Calcium/Phosphor-Verhältnis in verschiedenen Nahrungsmitteln (100 g Proben)

Name	Ca (mg)	P (mg)	Ca/P	Name	Ca (mg)	P (mg)	Ca/P
Hiziki	1400	56	25,1	Huhn	4	280	0,01
Rettichblätter	190	30	6,3	Schwein	4	180	0,02
Kombu	800	150	5,3	Bonito	6	220	0,03
Wakame	1300	260	5,0	Thunfisch	11	350	0,03
Bancha	720	200	3,6	weißer Reis	6	170	0,04
Nori	600	200	3,0	Kabeljau	9	160	0,06
Möhrengrün	200	74	2,7	Makrele	22	300	0,07
Schalottengrün	100	51	2,0	Bambussprossen	4	51	0,08
Spinat	98	52	2,0	Lachs	22	240	0,09
Sesamsamen (schwarz)	1100	570	1,9	Weißbrot	11	68	0,16
Tofu	160	86	1,9	Eier	65	230	0,28
Rettich	28	17	1,6	Miso	81	180	0,45
Mandarinen	16	14	1,1	Auberginen	16	26	0,62
Milch	100	90	1,1	Gurken	19	27	0,70
Joghurt	150	140	1,1	Süßkartoffeln	24	33	0,73
				Chinakohl	33	40	0,83
				Möhre (Wurzel)	47	60	0,78
				Schalotte (weiß)	50	51	0,98

(Je größer das Verhältnis Ca/P, desto alkalischer; je kleiner das Verhältnis, desto saurer. Detailliertere Angaben finden Sie in Tafel 10.)

Da Phosphor überreichlich in tierischer Nahrung vorkommt und in dieser Form giftige Säuren produziert, empfiehlt die Makrobiotik nur sehr wenig Tierisches. Tafel 6 zeigt, daß tierische Nahrung zuviel Phosphor enthält, Gemüse und Meeresalgen jedoch ein gutes Calcium/Phosphor-Verhältnis haben.

Der Name Phosphor kommt von dem griechischen Wort *phosphoros*, was ‚lichttragend' bedeutet; Phosphor (P) ist ein nichtmetallisches, chemisches Element aus der Stickstoffgruppe. Er ist ein farbloser, weicher, wachsartiger

Stoff, der im Dunkeln leuchtet. Er hat eine starke Affinität zu Sauerstoff und verbrennt spontan, sobald er der Luft ausgesetzt ist, und bildet dabei den dichten, weißen Dampf des Oxides. Phosphor ist essentiell für pflanzliches und tierisches Leben. Erstmalig wurde er 1669 von dem deutschen Alchimisten Henning Brand aus den Rückständen von eingedampftem Urin in elementarer Form isoliert.

Phosphor ist in der Flüssigkeit innerhalb der Zellen von lebendem Gewebe in Form von Phosphat-Ionen (PO_4^-) vorhanden; das ist einer der wichtigsten, mineralischen Aufbaustoffe, erforderlich für die Zelltätigkeit. Die Gene, die die Vererbung und andere Zellfunktionen steuern und sich in jedem Zellkern befinden, bestehen aus DNS (= Desoxyribonucleinsäure)-Molekülen, die sämtlich Phosphor enthalten. Zellen speichern die aus Nährstoffen erhaltene Energie in Adenosintriphosphat (ATP)-Molekülen. Calciumphosphat ist hauptsächlicher, anorganischer Bestandteil von Zähnen und Knochen.

Kalium und Natrium (basenbildend)

Der japanische Militärarzt Sagen Ishizuka kam nach 40 Jahren medizinischer Forschung zu dem Schluß, daß die Menge von Kalium und Natrium in der Nahrung ausschlaggebend ist für Körperkraft, für Anpassungsfähigkeit an das Wetter, für klimatischen Einfluß auf Charakter und Mentalität des Menschen, für Wachstumsmerkmale der Pflanzen usw.. Dies werde ich im nächsten Kapitel ausführen.

Das *Yearbook of Agriculture 1959* führt aus:

> „Natrium, Kalium und Magnesium sind äußerst wichtig in der Enährung. Sie gehören zu den am reichlichsten im Körper vorhandenen Mineralstoffen. Calcium und Phosphor kommen am meisten vor, es folgen in absteigender Reihenfolge Kalium, Schwefel, Natrium, Chlor und Magnesium.
>
> Eine 70 kg schwere Person hat etwa 255 g Kalium, 113 g Natrium und 37 g Magnesium im Körper.
>
> Natrium und Kalium haben ähnliche chemische Eigenschaften, treten aber im Körper an ganz verschiedenen Stellen auf. Natrium findet man vor allem in den Flüssigkeiten außerhalb der Zellen und nur spärlich im Zellinnern. Kalium kommt vorwiegend innerhalb der Zellen vor und nur ganz wenig in den Körperflüssigkeiten.
>
> Natrium und Kalium sind lebenswichtig für einen ausgeglichenen Wasserhaushalt zwischen den Zellen und den Flüssigkeiten. Ein Absinken des Natriumgehaltes in den Flüssigkeiten hat einen Transfer von Wasser aus der Flüssigkeit in die Zelle hinein zur Folge. Ein Anstieg von Natrium bewirkt einen

Transfer von Wasser aus der Zelle in die Flüssigkeit.

Natrium und Kalium sind lebenswichtig für die Nerven, und zwar damit ein Reiz beantwortet wird, damit die Impulse die Muskeln erreichen und damit letztere kontrahieren. Alle Muskeltypen, auch der Herzmuskel, werden von Natrium und Kalium beeinflußt.

Ferner sorgen Natrium und Kalium zusammen mit Proteinen, Phosphaten und Carbonaten für die Aufrechterhaltung eines angemessenen Gleichgewichtes zwischen den Säure- und Basenanteilen im Blut."

Eine höchst bemerkenswerte Feststellung der westlichen Wissenschaft über Na und K finden wir in der *Encyclopedia of Biochemistry* (S. 679):

„Natrium (Na) ist essentiell für höhere Tiere, welche die Zusammensetzung ihrer Körperflüssigkeiten regulieren, und für manche Meeresorganismen, doch es ist entbehrlich für viele Bakterien und die meisten Pflanzen, mit Ausnahme der Blaualgen. Kalium (K) dagegen ist praktisch für alle Formen des Lebens unverzichtbar ...

Natrium und Kalium sind wichtige Bestandteile sowohl der intrazellulären als auch der extrazellulären Flüssigkeiten ... Ringer entdeckte 1882 bei Untersuchungen an herausgetrennten Froschherzen, daß zur Aufrechterhaltung der Kontraktionsfähigkeit ein Nährmedium beigefügt werden muß, welches Na-, K- und Ca-Ionen im Mengenverhältnis von Meerwasser enthält. Es wurde seither bestätigt, daß die normale Lebensaktivität von Geweben und Zellen von einer geeigneten Balance unter den anorganischen Kationen, denen sie ausgesetzt werden, abhängt. Na wird zur anhaltenden Kontraktionsfähigkeit von Säugetiermuskeln benötigt, während K einen paralysierenden Effekt zeitigt; eine Balance ist für ein normales Funktionieren notwendig."

Eisen (basenbildend)

Arthur Guyton stellt in *Medical Physiology* fest:

„Eisen liegt im Körper hauptsächlich als Bestandteil von Hämoglobin vor, aber kleinere Mengen auch in anderen Verbindungen, vor allem in der Leber und im Knochenmark. Eisenhaltige Elektronenüberträger (vor allem die Zytochrome) gibt es in allen Zellen des Körpers. Sie sind elementar wichtig für die meisten in den Zellen stattfindenen Oxidationen. Eisen ist also sowohl für den Sauerstofftransport zu den Geweben als auch für den Bestand oxidativer Systeme innerhalb der Gewebezellen unerläßlich, da das Leben sonst innerhalb weniger Sekunden erlöschen würde."

Gemüse sind eine gute Quelle für Eisen, besonders Shiso-Blätter, welche zur Einfärbung von Umeboshi (getrocknete Salzpflaumen) benützt werden.

Fleisch, Huhn und Fisch enthalten Spuren von Eisen, ebenso Kuhmilch und Muttermilch.

Schwangere Frauen müssen dafür sorgen, daß ihre Kost ausreichend Eisen enthält, so wie das mit Misosuppe gewährleistet ist.

Magnesium (basenbildend)

Magnesium steht in enger Beziehung zu Calcium und Phosphor, sowohl was die Funktion im Körper angeht als auch die Orte des Vorkommens. Um die 70% des Magnesiums im Körper sind in den Knochen, der Rest in Gewebe und Blut. Muskelgewebe enthält mehr Magnesium als Calcium, Blut enthält mehr Calcium als Magnesium.

Magnesium wirkt als Starter bzw. Katalysator für einige der chemischen Reaktionen im Körper. Es ist auch Bestandteil von einigen jener komplexen Moleküle, die gebildet werden, sowie der Körper Nahrung für Wachstum, Unterhalt und Reparaturen benötigt. So manche Beziehung gibt es zwischen Magnesium und dem Hormon Cortison, da beide Einfluß auf die Phosphatmenge im Blut ausüben. Magnesium ist — in erster Linie als intrazelluläres Ion — über alle Gewebe verteilt. Es macht etwa 0,05% des tierischen Körpergewichtes aus, davon 60% im Skelett und nur 1% in den extrazellulären Flüssigkeiten. Der Rest befindet sich in der intrazellulären Flüssigkeit.

Arthur Guyton hierzu: „Erhöhte extrazelluläre Konzentration von Magnesium senkt die Aktivität im Nervensystem und ebenfalls die Kontraktion der Skelettmuskulatur. Letzterer Effekt kann durch Verabreichung von Calcium verhindert werden. Niedrige Magnesium-Konzentration bewirkt eine übersteigerte Erregung des Nervensystems, periphere Gefäßerweiterung und Herzrhythmusstörungen."

Schwefel (säurebildend)

Schwefel wird in elementarer Form aus vulkanischer Erde gewonnen. Ein Hauptvorkommen liegt auf Sizilien. Dazu schreiben Williams und Lansford in *The Encyclopedia of Biochemistry*:

> „Schwefel brauchen alle lebenden Organismen in irgendeiner Form. Er wird in verschiedenen Oxidationszuständen verwendet: In Sulfid, elementarem Schwefel, Sulfit, Sulfat und Thiosulfat von niederen Formen und in organischen Verbindungen von allen Lebewesen. Wichtigere, organische Verbindungen, die

Schwefel enthalten, sind die Aminosäuren Cystein, Cystin und Methionin (Eiweißbausteine); die Vitamine Thiamin und Biotin; die Kofaktoren, Lipoidsäure und Koenzym A; bestimmte komplexe Lipide des Nervengewebes, die Sulfatide; ... die Hormone Vasopressin und Oxytocin; viele therapeutische Hilfsstoffe wie Sulfonamide und Penicilline sowie die meisten oralen hypoglykämischen Hilfsmittel, die bei der Behandlung von Diabetes mellitus angewendet werden."

„In der organischen Welt wird Schwefel aus den dem Boden entnommenen Sulfaten in die Proteidmoleküle der Pflanze eingebaut. Der tierische Organismus nimmt ihn dann vorwiegend in Form von Protein auf und sondert ihn größtenteils in seiner höchsten Oxidationsform, der Schwefelsäure, ab, welche durch Aufschließen und Oxidieren des Eiweißmoleküls entstanden ist. In dieser Form, verbunden mit und neutralisiert durch Basen, kann er den Kreislauf des Lebens erneut beginnen, indem er organische Schwefelverbindungen in Pflanzen bildet." (Aus: Carquel *Vital Facts About Foods*.)

Chlor (säurebildend)

Chlor findet man vorwiegend in Form von Natriumchlorid bzw. gewöhnlichem Koch- oder Tafelsalz, entweder gelöst in Wasser oder als feste Ablagerung im Erdinnern als Steinsalz. Reines Chlor ist ein giftiges Gas.

In Form von Natriumchlorid spielt Chlor eine bedeutende Rolle im tierischen Organismus. Es trägt bei zur Bildung sämtlicher Verdauungssäfte, vor allem des Magensaftes, welcher 2‰ Salzsäure enthält. Den Hauptanteil an mineralischen Bestandteilen stellt bei weitem Natriumchlorid, welches in gelöster Form die Entstehung und die Leitung elektrischen Stromes begünstigt und unterhält. Chloride sind nützlich sowohl beim Bau der Organe als auch bei der Produktion der Verdauungssekrete.

Chloride haben gleichsam Bedeutung für anale Sekretion. Sie sind notwendig für die Ausscheidung der stickstoffhaltigen Abfallprodukte aus dem Verdauungsprozeß.

KAPITEL III

Säuren und Basen in Nahrungsmitteln

1. Säure- und basenbildende Nahrungsmittel

Alle natürlichen Nahrungsmittel enthalten sowohl säure- als auch basenbildende Elemente. In den einen dominieren die säurebildenden, in den anderen die basenbildenden Elemente. Nach den Erkenntnissen der modernen Biochemie sind es nicht die organischen Stoffe in der Nahrung, die Säuren oder Basen als Rückstand im Körper zurücklassen, sondern es sind die anorganischen Stoffe (Schwefel, Phosphor, Kalium, Natrium, Magnesium und Calcium), die Azidität oder Alkalinität der Körperflüssigkeiten bestimmen.

Nahrungsmittel, die vergleichsweise reich an säurebildenden Elementen sind, nennen wir säurebildende Nahrungsmittel; solche mit einem vergleichsweise hohen Anteil an basenbildenden Elementen nennen wir basenbildende Nahrungsmittel:

säurebildende Nahrungsmittel	*basenbildende Nahrungsmittel*
Eier	Salz
Rindfleisch	Miso
Schweinefleisch	Sojasauce
Huhn	Gemüse
Fisch	Früchte
Käse	Wein
Getreide (die meisten)	Bohnenkaffee
Nüsse, Bohnen	
Bier	
Whiskey	
Zucker	

2. Wie säure- und basenbildende Nahrungsmittel bestimmt werden

Theoretisch wird an dem Verhältnis der darin enthaltenen säurebildenden und basenbildenden Elemente bestimmt, ob ein Nahrungsmittel säure- oder basenbildend ist. In der praktischen Realität jedoch wird diese Bestimmung im Reagenzglas durchgeführt, und zwar in einem als Titration bekannten Verfahren.

Dabei wird das zu bestimmende Nahrungsmittel zuerst zu Asche verbrannt. (Durch diesen Vorgang des Verbrennens der Nahrung wird Verdauung simuliert und uns ein Bild davon verschafft, ob die Nahrung säure- oder basenbildend ist.) Als nächstes wird eine Standardmenge reinsten Wassers, sagen wir ein Liter, zu 100 g von dieser Asche gegeben, um eine Lösung zu bekommen. Und diese Lösung wird nun geprüft, ob sie sauer oder alkalisch ist. Sobald wir wissen, ob sie sauer oder alkalisch ist, können wir die Konzentration bzw. den Grad der Azidität bzw. der Alkalinität der Asche-Lösung messen.

Da eine saure Lösung eine alkalische Lösung neutralisieren bzw. ausgleichen wird und umgekehrt, können sie beide benutzt werden, um sich gegenseitig zu messen. Angenommen, die Asche einer vorgegebenen Nahrung ergibt bei Lösung in reinem Wasser eine saure Lösung. Wir wissen nun zwar, daß die Lösung säurehaltig ist, doch die Stärke dieser Säure ist uns noch unbekannt. Um nun die Säurestärke einer unbekannten Lösung zu ermitteln, wird dieser unbekannten Säure eine alkalische Lösung, deren Stärke genau bekannt ist, beigegeben, und zwar so lange, bis die beiden sich aufheben und die Lösung neutral geworden ist.

Dabei geben wir acht, wieviele Milliliter der bekannten alkalischen Lösung wir hinzufügen. Die Menge an alkalischer Lösung, die zur Neutralisierung der unbekannten Säure erforderlich ist, ist somit ein guter Maßstab für die ursprüngliche Lösung aus Asche und Wasser und damit auch für die säurebildende Kraft desjenigen Nahrungsmittels, mit dessen Asche die Lösung bereitet worden war.

Auf die gleiche Weise, nämlich indem wir darauf achten, wieviele Milliliter einer sauren Lösung bekannter Stärke zur Neutralisierung einer unbekannten, alkalischen Lösung nötig sind, können wir die Stärke einer unbekannten, alkalischen Asche messen und damit die basenbildende Kraft desjenigen Nahrungsmittels, von dem die Asche stammt.

Die folgende Tafel zeigt eine durch die oben beschriebene Methode ermittelte Rangliste von säure- und basenbildenden Nahrungsmitteln (nach

Dr. Hirotaro Nishizaki). Unter der jeweiligen Überschrift sind die Nahrungsmittel aufgelistet; ausgehend vom stärksten hin zum schwächsten. Die Zahl hinter jedem Nahrungsmittel in der Tabelle sagt aus, wieviele Milliliter einer bekannten Lösung zur Neutralisierung der ursprünglichen Asche-Lösung erforderlich waren. Diese Zahlen geben uns einen Eindruck von der relativen Stärke der verschiedenen säure- und basenbildenden Nahrungsmittel.

Von Tafel 7 lernen wir beispielsweise, daß Reiskleie, das am stärksten säurebildend unter den getesteten Nahrungsmitteln ist, etwa 2,3mal stärker säurebildend als Bonitoflocken, etwa 8,6mal stärker säurebildend als Gerste und 852mal stärker säurebildend als Spargel ist.

Auf der alkalischen Seite der Tabelle finden wir, daß Wakame etwa 4,6mal stärker basenbildend als Konnyaku, etwa 25,6mal stärker basenbildend als Sojabohnen und 2608mal stärker basenbildend als Tofu ist.

Vergleichen wir nun beide Hälften der Tabelle, entdecken wir weitere, interessante Beziehungen. Erdnüsse (säurebildend) und Kartoffeln (basenbildend) haben beide den gleichen Wert 5,4. Dasselbe gilt für Spargel und Tofu (0,1 jeweils), Karpfen und Bananen (8,8 jeweils) sowie Haferbrei und Shiitake (17,8 zu 17,5). Dagegen ist Kammuschel (6,6) etwa doppelt so stark säurebildend wie Äpfel (3,4) basenbildend; Schweinefleisch (6,2) ist 31mal so stark säurebildend wie Kuhmilch (0,2) basenbildend; und Möhren bzw. Rüebli (6,4) sind doppelt so stark basenbildend wie Garnelen (3,2) säurebildend.

Kommentar zu den Tabellen

Tafel 7, 8 und 9 sind aus dem japanischen Buch *Vom Nutzen alkalischer Nahrungsmittel* (The Women's University on Nutrition) übersetzt. Tafel 8 und 9 beinhalten dieselben Daten wie Tafel 7, allerdings zusätzlich unterteilt in Nahrungsmittelgruppen. Es ist sehr interessant festzustellen, daß Reiskleie am stärksten säurebildend wirkt, während Wakame am stärksten basenbildend ist. Dieser Liste entsprechend ist Butter schwach säurebildende Nahrung; doch aufgrund ihres Fettgehalts ist Butter in Wirklichkeit ein stärker säurebildendes Nahrungsmittel, als diese Methode angibt. Die beschriebene Methode eignet sich nicht zur Messung von Azidität und Alkalinität bei Nahrungsmitteln wie Butter und Bohnen, da diese einen hohen Fettgehalt haben. Diese Nahrungsmittel gehören auf der Liste der säurebildenden Nahrungsmittel höher plaziert, als es hier der Fall ist.

Wenn wir keine Meßgrößen für den säure- oder basenbildenden Charak-

Tafel 7. Säure- und basenbildende Nahrungsmittel

Säurebildende Nahrungsmittel		Basenbildende Nahrungsmittel	
Reiskleie	85,2	Wakame	260,8
Bonitoflocken	37,1	Konnyaku	56,2
Brassen-Eier	29,8	Kombu	40,0
Tintenfisch, getrocknet	29,6	Ingwer	21,1
Fisch, getrocknet	24,0	Nierenbohnen	18,8
Eigelb	19,2	Shiitake-Pilze	17,5
Haferbrei	17,8	Spinat	15,6
Vollreis	15,5	Sojabohnen	10,2
Thunfisch	15,3	Bananen	8,8
Oktopus	12,8	Kastanien	8,3
Sake, Rohmasse	12,1	Albi (Taro)	7,7
Huhn	10,4	Adukibohnen	7,3
Perlgerste	9,9	Möhren (Rüebli)	6,4
Karpfen	8,8	Komatsuna	6,4
Brassen	8,6	Pilze	6,4
Austern	8,0	Kyona	6,2
Lachs	7,9	Erdbeeren	5,6
Buchweizenmehl	7,7	Kartoffeln	5,4
Aal	7,5	Klette (Burdock)	5,1
Venusmuschel	7,5	Rettich-Pickles	5,0
Pferdefleisch	6,6	Kohl	4,9
Kammuschel	6,6	Rettiche	4,6
Schwein	6,2	Kürbis	4,4
Erdnüsse	5,4	Bambussprossen	4,3
Hering-Eier	5,4	Süßkartoffeln	4,3
Rind	5,0	Steckrüben	4,2
Favabohnen	4,4	Lotuswurzel	3,8
Käse	4,3	Orangensaft	3,6
Abalonen	3,6	Äpfel	3,4
Vollgerste	3,5	Hühner-Eiweiß	3,2
Garnele	3,2	Dattelpflaumen	2,7
Erbsen	2,5	Birnen	2,6
Bier	1,1	Traubensaft	2,3
Brot	0,6	Gurken	2,2
Hühnerbouillon	0,6	Wassermelonen	2,1

Tafel 7. Fortsetzung

Säurebildende Nahrungsmittel		Basenbildende Nahrungsmittel	
Tofu, fritiert	0,5	Auberginen	1,9
Sake (Reiswein)	0,5	Bohnenkaffee	1,9
Butter	0,4	Zwiebeln	1,7
Spargel	0,1	Schwarztee	1,6
		Farn	1,6
		Pickles (Blatt-)	1,3
		grüne Bohnen	1,1
		Muttermilch	0,5
		Kuhmilch	0,2
		Tofu	0,1

ter eines Nahrungsmittels, welches uns interessiert, finden können, haben wir noch die Möglichkeit, diese Eigenschaften annähernd durch Betrachtung des Verhältnisses zwischen dem Calcium- und dem Phosphorgehalt des in Frage kommenden Nahrungsmittels zu bestimmen. Diese Methode hat jedoch den Nachteil, daß sie besser für die Bestimmung säurebildender Nahrungsmittel geeignet ist als für die basenbildender, ich werde darauf später noch eingehen. Der Vorteil dieser Methode besteht darin, daß Informationen über die in Nahrungsmitteln vorhandene Menge an Calcium und Phosphor in den meisten Nahrungsanalysen (z.B. auf Verpackungen) und in vielen einschlägigen Büchern zu finden sind.

Für uns vertritt Calcium die basenbildenden Elemente in der Nahrung, und Phosphor vertritt die säurebildenden. Tafel 10 zeigt nun die säurebildenden und basenbildenden Eigenschaften verschiedener Nahrungsmittel auf der Grundlage des Verhältnisses zwischen ihrem Calcium- und ihrem Phosphorgehalt wie nachfolgend:

Ca/P-Verhältnis	Resultat
größer als 3,00	stark basenbildend
2,99 bis 2,00	basenbildend
1,99 bis 1,00	schwach basenbildend
0,99 bis 0,50	schwach säurebildend
0,49 bis 0,20	säurebildend
weniger als 0,20	stark säurebildend

Tafel 8. Säurebildende Nahrungsmittel

Tier	Getreide	Bohnen	andere	Azidität
	Reiskleie			85,2
Bonitoflocken				37,1
Brassen-Eier				29,8
Tintenfisch, getrocknet				29,6
Fisch, getrocknet				24,0
Eigelb				19,2
	Haferbrei			17,8
	Vollreis			15,5
Thunfisch				15,3
Oktopus				12,8
			Sake (Rohmasse)	12,1
Huhn				10,4
	Perlgerste			9,9
Karpfen				8,8
Brassen				8,6
Austern				8,0
Lachs				7,9
	Buchweizenmehl			7,7
Aal				7,5
Venusmuschel				7,5
Pferdefleisch				6,6
Kammuschel				6,6
Schwein				6,2
		Erdnüsse		5,4
Hering-Eier				5,4
Rind				5,0
		Favabohnen		4,4
Käse				4,3
	weißer Reis			4,3
Abalonen				3,6
	Vollgerste			3,5
Garnele				3,2
	Weizengluten			3,0
		Erbsen		2,5
			Bier	1,1
	Brot			0,6
			Tofu, fritiert	0,5
			Sake	0,5
Butter				0,4
			Spargel	0,1

Tafel 9. Basenbildende Nahrungsmittel

Gemüse	Früchte	Nüsse/Bohnen	andere	Alkalinität
Wakame				260,8
Konnyaku				56,2
Kombu				40,0
Ingwer				21,1
		Nierenbohnen		18,8
Shiitake-Pilze				17,5
Spinat				15,6
		Sojabohnen		10,2
	Bananen			8,8
		Kastanien		8,3
Albi/Taro				7,7
		Adukibohnen		7,3
Möhren				6,4
Pilze				6,4
	Erdbeeren			5,6
Kartoffeln				5,4
Klette				5,1
Rettich-Pickles				5,0
Kohl				4,9
Rettiche				4,6
Kürbis				4,4
Bambussprossen				4,3
Süßkartoffeln				4,3
Lotuswurzel				3,8
	Orangensaft			3,6
	Äpfel			3,4
			Hühner-Eiweiß	3,2
	Dattelpflaumen			2,7
	Birnen			2,6
	Traubensaft			2,3
Gurken				2,2
	Wassermelonen			2,1
Auberginen				1,9
			Bohnenkaffee	1,9
Zwiebeln				1,7
Farn				1,6
			Schwarztee	1,6
		grüne Bohnen		1,1
			Muttermilch	0,5
			Kuhmilch	0,2
		Tofu		0,1

Säuren und Basen in Nahrungsmitteln

Tafel 10. Das Calcium/Phosphor-Verhältnis: Ca/P

Nahrungsmittel	Calcium	Phosphor	Ca/P
Tierisches, Fisch & Muscheln			
basenbildend			
Muttermilch	33	14	2,36
schwach basenbildend			
Käse (Cheddar)	750	478	1,57
Kuhmilch	118	93	1,27
Ziegenmilch	129	106	1,22
Joghurt (Vollfett)	111	97	1,14
schwach säurebildend			
Käse, amerikanisch	697	771	0,90
Kaviar	276	355	0,77
Auster, roh	94	143	0,66
Hüttenkäse	94	152	0,62
Hühner-Eiweiß	9	15	0,60
säurebildend			
Lachs	79	186	0,42
Garnele, roh	63	166	0,38
Ei, ganz	54	205	0,26
Krabbe, gekocht	43	175	0,25
Eigelb	141	569	0,25
stark säurebildend			
Abalonen	37	191	0,19
Karpfen	50	253	0,19
Kammuschel, roh	26	208	0,13
Speck	13	108	0,12
Kabeljau, roh	10	104	0,10
Flunder	23	344	0,07
Schwein, roh	5	88	0,06
Rind, T-Bone-Steak	8	135	0,06
Heilbutt, roh	13	211	0,06
Schinken	9	170	0,05
Huhn	11	265	0,04
Truthahn	8	212	0,04
Makrele, roh	8	274	0,03
Getreide			
säurebildend			
Buchweizengrütze	114	282	0,40
Vollkornweizenbrot	90	228	0,39
Langkornreis	60	200	0,30
weißer Reis	24	94	0,26

Tafel 10. Fortsetzung

Nahrungsmittel	Calcium	Phosphor	Ca/P
stark säurebildend			
Vollreis	32	221	0,14
Winterweizen	46	354	0,13
Hafer, roh	70	590	0,12
Vollroggen	38	378	0,10
Vollweizen, roh	36	383	0,09
Perlgerste	16	189	0,08
Maisbrei	20	256	0,08
Hirse	20	311	0,06
Zuckermais, roh	3	111	0,03
Bohnen & Nüsse			
säurebildend			
Limabohnen	52	142	0,37
Kastanien, frisch	27	88	0,31
Sojabohnen	67	225	0,30
rote Bohnen	110	406	0,27
Walnüsse, engl.	99	380	0,26
Linsen, roh	79	377	0,21
stark säurebildend			
Erdnüsse, roh	69	401	0,17
Kokosnüsse	13	95	0,14
Cashewnüsse	38	373	0,10
Andere säurebildende Nahrungsmittel			
schwach säurebildend			
Backpulver	1923	2904	0,66
Honig	5	6	0,83
Sojamilch	30	59	0,51
Gemüse & Algen			
stark basenbildend			
Irisch Moos, roh	885	157	5,64
Rhabarber, roh	96	18	5,33
Kelp, roh	1093	240	4,55
Senfblätter	183	50	3,66
Petersilie, roh	203	63	3,22
Spinat, roh	93	31	3,00
basenbildend			
Grünkohl (Kabis), roh	249	93	2,68
schwach basenbildend			
Weißkohl, roh	49	29	1,69
Endivien	81	54	1,50

Tafel 10. Fortsetzung

Nahrungsmittel	Calcium	Phosphor	Ca/P
Sellerie, roh	39	28	1,39
Kopfsalat, roh	35	26	1,35
Daikon-Rettiche	35	26	1,35
Broccoli, roh	103	78	1,32
weiße Rüben, roh	39	30	1,30
Dillpickles	26	21	1,24
Dulse, roh	296	267	1,11
Chinakohl	43	40	1,07
Möhren (Rüebli), roh	37	36	1,03
schwach säurebildend			
Mangold, roh	38	39	0,97
Kürbis	28	29	0,96
Zucchini	28	29	0,96
Gurken, roh	25	27	0,93
Zwiebeln, roh	27	36	0,75
Pastinaken, roh	50	77	0,65
Ingwer, frisch	23	36	0,64
säurebildend			
Süßkürbis, roh	21	44	0,48
Tomaten, roh	13	27	0,48
Auberginen, roh	12	26	0,46
Taro, roh	28	61	0,46
Blumenkohl, roh	25	56	0,44
Spargel, roh	22	62	0,35
Avocados, roh	10	42	0,23
stark säurebildend			
Knoblauch, roh	29	202	0,14
Kartoffeln, roh	7	53	0,13
Pilze, roh	6	116	0,05
Hefe, getrocknet	44	1291	0,03

Früchte & Samen
stark basenbildend

Nahrungsmittel	Calcium	Phosphor	Ca/P
Ahornsirup	143	11	13,00
brauner Zucker	85	19	4,47
basenbildend			
Mandarinen	40	18	2,20
Apfelsinen, roh	41	20	2,00
schwach basenbildend			
Sesamsamen	1160	616	1,88
Zitronen, roh	26	16	1,63

Tafel 10. Fortsetzung

Nahrungsmittel	Calcium	Phosphor	Ca/P
Grapefruit	32	20	1,60
Feigen, roh	35	22	1,59
Korinthen, roh	60	40	1,50
Trauben, roh	16	12	1,33
Kirschen, roh	22	19	1,16
Heidelbeeren, roh	10	9	1,10
Pflaumen, roh	18	17	1,06
Erdbeeren	21	21	1,00
schwach säurebildend			
Datteln	59	63	0,94
Wein	9	10	0,90
Aprikosen	17	23	0,73
Äpfel	7	10	0,70
Rosinen, roh	62	101	0,61
säurebildend			
Bananen, roh	8	26	0,30
Schokolade	78	384	0,20
stark säurebildend			
Sonnenblumenkerne	120	837	0,14

Die in Tafel 10 angegebenen Werte sind entnommen *Composition of Foods,* einer Veröffentlichung des US-Landwirtschaftsministeriums.

Wie bereits erwähnt, ist die Bestimmung des säure- und basenbildenden Charakters von Nahrungsmitteln unter Verwendung ihres Calcium/Phosphor-Verhältnisses ganz praktisch, doch nicht immer zutreffend. Bei Hirse ist diese Ungenauigkeit ganz offensichtlich. Hirse wird im allgemeinen als basenbildendes Getreide eingestuft, doch von ihrem Ca/P-Verhältnis her steht sie in der Gruppe der säurebildenden Nahrungsmittel. In Anbetracht der Differenzen zwischen den beiden Methoden, die bestimmen sollen, welche Nahrung säure- und welche basenbildend ist, biete ich Tafel 19 und 20 an — zur Korrektur von Tafel 10.

3. Fett und das Säure/Base-Gleichgewicht

Fett gilt als einer der drei hauptsächlichen Nährstoffe: Kohlenhydrate,

Proteine (Eiweiß) und Fette. Vom Standpunkt der natürlichen, vollwertigen Ernährung ist Fett in hohem Maße überbewertet worden. Wie auch immer, Fett ist eine Quelle für Linolsäure und die Vitamine A und D. Bekommen Tiere eine fettlose Kost verabreicht, werden sie schließlich sterben. Gibt man jedoch diesen Tieren etwas Linolsäure dazu, dann entwickeln sie sich problemlos. <u>Linolsäure ist also der wesentliche Bestandteil im Fett. Da Linolsäure in Reis ebenso wie in Sojabohnen enthalten ist</u>, brauchen wir uns vor keinem Mangel zu fürchten, solange wir eine solche Basisernährung mit Vollgetreide und Gemüse einhalten, wie es die makrobiotische Vollwerternährung ist.

Es gibt zwei Arten Fett: tierisches und pflanzliches Fett. Beide haben giftige Bestandteile; tierisches Fett ist jedoch mehr giftig. Selbst Lebertran bewirkt eine Übersäuerung des Blutes, wenn zuviel genommen wird. In *Calcium Medicine* führt Dr. Katase aus:

> Ein 70 kg schwerer Erwachsener erreicht das beste Ergebnis (alkalischer Zustand des Blutes), wenn er nur 5,5 g Lebertran zu sich nahm. Dieselbe Person litt an offensichtlicher Übersäuerung nach Einnahme von 28 g davon... Milchfett, also Butter, wird gemeinhin als das beste Fett unter den Nahrungsmitteln betrachtet. Butter enthält Calcium und Vitamine. Nimmt aber jemand mit 70 kg Körpergewicht mehr als 110 g Butter zu sich, kommt es zu Übersäuerung und Calciummangel... Leichter zu schmelzende Fette bewirken stärkere Säurebildung als härtere. Die Ursache von Kahlköpfigkeit ist ein Überkonsum von Fett."

4. Kohlenhydrate und das Säure/Base-Gleichgewicht

Kohlenhydrate sind die Quelle unserer Energie. Sie bestehen aus Kohlenstoff, Wasserstoff und Sauerstoff. Eine für jedwede dieser Verbindungen zutreffende Formel kann mit $C_m(H_2O)_n$ bezeichnet werden.

Es gibt drei Arten Kohlenhydrate. Die einfachsten Kohlenhydrate sind die Monosaccharide (Einfachzucker), von denen der für uns wichtigste die Glukose ist. Dann kommen die Disaccharide (Zweifachzucker), die aus zwei Monosaccharidmolekülen bestehen, welche durch ein Sauerstoffatom verbunden sind, unter Freisetzung eines Wassermoleküls, und hier sind die wichtigsten Saccharose (gewöhnlicher Rohrzucker), Laktose (Milchzucker) und Maltose (Malzzucker). Die dritte Art Kohlenhydrate sind die Polysaccharide (Mehrfachzucker) mit riesigen Molekülen, die aus vielen Monosacchariden bestehen — Glykogen hat etwa 10, Stärke etwa 25 und Zellulose gar 100 bis 200.

Mit ihren kleinen Molekülen erreichen die Monosaccharide die Darmwand und werden ohne irgendwelche chemischen Umwandlungen direkt im Körper absorbiert. Disaccharide haben etwas größere Moleküle und müssen deshalb erst mittels verschiedener Enzyme in Monosaccharide aufgespalten werden. Beispiele: Saccharose wird mittels Invertase in Glukose aufgespalten, Maltose mittels Maltase und Laktose mittels Laktase. Dann erst wird dieser einfache Zucker durch die Darmwand absorbiert. Die Aufnahme (Absorption) von Monosacchariden und Disacchariden geschieht sehr rasch, und binnen kurzem befindet sich die verdaute Glukose im Blutstrom. Dadurch wird das Glukose-Gleichgewicht im Blut gestört. Mit den Polysacchariden verhält es sich ganz anders. Aufgrund ihrer großen Moleküle müssen die Polysaccharide (z.B. Glykogen, Stärke und Zellulose) viele Verdauungsprozesse durchlaufen. Zuerst werden diese Kohlenhydrate durch die Tätigkeit des Enzymes Amylase in die Disaccharide (Saccharose, Maltose und Laktose) aufgespalten. Sodann werden diese Disaccharide weiter in Monosaccharide wie Glukose aufgespalten, und zwar durch die Tätigkeit ihrer eigenen, speziellen Enzyme. Die Monosaccharide (Glukose) werden schließlich so, wie sie sind, in den Blutstrom absorbiert. Mit anderen Worten, aus Polysacchariden stammende Monosaccharide werden viel später und viel langsamer absorbiert als Mono- oder Disaccharide. Somit wird eine Glukose, die aus solchen Polysacchariden wie Getreide stammt, niemals das Glukose-Gleichgewicht im Blutstrom durcheinanderbringen. Da Mono- und Disaccharide rasch absorbiert werden, steigt der Glukosespiegel in den Körperzellen. Resultat: Ungleichgewicht von Sauerstoff, was unvollständige Verbrennung bewirkt. Diese unvollständige Verbrennung produziert viele organische Säuren wie Milchsäure, Benztraubensäure, Buttersäure und Essigsäure. Hier haben wir ein Beispiel für eine Übersäuerung bzw. einen säurebildenden Zustand, hervorgerufen durch Überkonsum von Zucker und/oder Früchten (Quelle: Katase, *Calcium Medicine*)

5. Zucker und das Säure/Base-Gleichgewicht

Aus den oben erwähnten Gründen neigt Zucker dazu, den Körper zu übersäuern. Brauner Zucker allerdings etwas weniger, da er weniger stark raffiniert ist. Er enthält noch basenbildende Mineralstoffe und Vitamine, die die Verbrennung der Glukose im Körper unterstützen.

Dr. T. Katase führt aus: „Die Mindestdosis Zucker, die bei 5- bis 6jährigen Kindern Übersäuerung bewirkt, ist 5 g bei 25 kg, 7 g bei 32 kg und 8,5 g bei 40 kg Körpergewicht. Für die Gesundheit der Kinder ist es deshalb wichtig, dafür zu sorgen, daß sie Zucker und Zuckerwaren nicht mögen. Um das zu erreichen, vermeiden Sie unbedingt, Ihrem Baby nach dem Entwöhnen jemals Zucker und/oder andere süße Sachen zu geben! Stattdessen geben Sie lieber trockene Kombu oder Daikon-Pickles. Solche Kinder werden Zuckersachen ablehnen, wenn sie groß sind."

Nun, wenn die Kinder aber bereits daran gewöhnt sind, süße Sachen zu essen, empfiehlt die Makrobiotik folgendes:

1. Die Hauptnahrung sollte aus Getreidekörnern und Vollkornprodukten bestehen.
2. Dazu kommen der Jahreszeit entsprechende Gemüse sowie Meeresalgen.
3. Falls Früchte gereicht werden, auch deren Haut mitessen lassen.
4. Geben Sie nie raffinierte, mit chemischen Zusätzen versehene oder künstlich verarbeitete Nahrung.
5. Lassen Sie immer draußen spielen und aktiv sein.
6. Keine warme Kleidung. Lassen Sie im Winter spüren, was Kälte, im Sommer, was Hitze ist. Außerdem, allzeit etwas Hungergefühl!

Dies ist die beste Art, die Körperflüssigkeit alkalisch und den Stoffwechsel optimal funktionstüchtig zu erhalten.

6. Vitamine und das Säure/Base-Gleichgewicht

Mangel an Vitamin A hat Augenleiden, Mangel an Vitamin B hat Beriberi, Mangel an Vitamin C hat Skorbut und Mangel an Vitamin D hat Rachitis zur Folge.

Dr. T. Katase untersuchte an Tieren den Zusammenhang zwischen dem Säure/Base-Gleichgewicht und den Vitaminen und fand abschließend folgende, interessante Beziehungen: Für die Aufrechterhaltung des Säure/Base-Gleichgewichts ist im Falle von Eiweißüberschuß Vitamin B, im Falle von Fettüberschuß Vitamin A und im Falle von Kohlenhydratüberschuß Vitamin C ein hilfreicher Faktor; Vitamin D steht in Beziehung zu allen.

<u>Werden zuviel Vitamine isoliert in Pillenform genommen, können sie Übersäuerung hervorrufen.</u> Vitamine, die mit natürlicher Nahrung zugeführt werden, tun das gewöhnlich nicht.

Vitamin A ist in den folgenden Nahrungsmitteln enthalten: Leber (Rind oder Schwein), Eigelb, Käse, Kürbis, Shiso-Blätter, Sellerie, Rettich-Blätter, Paprikablätter, Möhren, Möhrengrün, Schalotten, Petersilie, Peperoni, Beifuß, den Meeresalgen Nori, Hiziki und Wakame, Banchatee u.a.

Vitamin B ist in den folgenden Nahrungsmitteln enthalten: Vollreis, Gerste, Mochi (Süßreis), Weizen, Walnüsse, Sesam, Adukibohnen (rote Sojabohnen), Kohl, Banchatee, Klettenwurzel u.a.

Vitamin C ist in den folgenden Nahrungsmitteln gut vertreten: Zitrusfrüchte, Paprika, Möhrengrün, Petersilie, Spinat, Dattelpflaumen, Banchatee u.a.

Vitamin D ist in tierischem Fett enthalten, in Form von Ergosterin, welches unter dem Einfluß von UV-Strahlung zu Vitamin D wird. Vitamin D ist in den folgenden Nahrungsmitteln in größerer Menge vorhanden: Shiitake (japanische Pilze), Pilze, Hefe, Lebertran und andere Fischöle.

Dr. Katase empfahl Früchte, Rettichsaft, Orangensaft u.ä., um eine durch Zucker verursachte Übersäuerung zu alkalisieren. Das trifft aber nur auf das Säure/Base-Gleichgewicht zu, denn vom makrobiotischen Standpunkt aus sind alle diese Mittel sehr yin, und Zucker ist yin. Somit dürfte diese Ernährungsform einen extremen Yin-Zustand bewirken, mögen Säure und Base auch ausgeglichen sein. Im nächsten Kapitel will ich das näher behandeln.

„Der dänische Forscher Carl Peter Henrik Dam isolierte aus getrockneten Luzerne-Blättern eine fettlösliche Substanz. Weil diese eine ausgleichende Wirkung auf die Blutgerinnungszeit zeigte, nannte er sie Koagulations-Vitamin, was der Einfachheit halber zu Vitamin K abgekürzt wurde." *(The Yearbook of Agriculture 1959.)* Vitamin K ist nicht nur Auslösefaktor für die Blutgerinnung, sondern auch für Blasenentleerung, Entgiftung und antibakterielle Funktionen. Der japanische Arzt Dr. Goto, Professor der Physiologie an der Kyushu-Universität, wandte Vitamin K bei Tuberkulose, Gallenblaseninfektion, Bluthochdruck, Leberentzündung und Krebs mit großem Erfolg an. Aber niemand konnte erklären, weshalb Vitamin K so wirksam für diese Krankheiten war. Bis Dr. F. Yanagisawa dann die Wirkungsweise von Vitamin K im Körper erläuterte. Er beobachtete, wie sich Calciumionen in menschlichem und tierischem Blutserum bei Zugabe von Vitamin K verhielten. Das Ergebnis war erstaunlich. Vitamin K erhöht die Anzahl der Calciumionen im Blutserum.

Flüssigkeiten machen 70% unseres Körpergewichts aus, verteilt im Zellinnern, im Blut und in den Geweben in folgenden Proportionen:

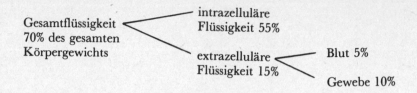

In *Wheat for Health* stellt Dr. Yanagisawa dar, daß Calcium gelöst nur in den extrazellulären Flüssigkeiten vorkommt, welche zu einem Drittel aus Blutserum und zu zwei Dritteln aus Gewebeflüssigkeiten zusammengesetzt sind. In diesem Serum sind bei gesunden Menschen pro 100 ml ca. 10 mg Calcium enthalten. Diese 10 mg Calcium setzen sich aus zwei Arten Calcium zusammen: 6 mg sind Calcium-Eiweiß-Verbindungen und 4 mg sind Calciumionen. In einem gesunden Organismus ist wie gesagt das Verhältnis Calcium-Verbindungen zu Calciumionen 6:4. <u>Bei Krankheit oder Ermüdung jedoch sinkt die Anzahl der Calciumionen auf einen niedrigeren Wert,</u> der 1,5 mg pro 100 ml Serum nicht unterschreiten darf, sonst tritt der Tod ein.

Die Abnahme von Calciumionen ist Resultat der Zunahme von Calcium-Eiweiß-Verbindungen (Globuline). Anders gesagt, Anstieg von Calcium-Globulinen bedeutet Rückgang von Calciumionen. Calciumionen stehen überdies in einer Wechselbeziehung zu Phosphorionen. Fällt die Anzahl der Calciumionen, steigt diejenige der Phosphorionen, und umgekehrt. Da Calcium basenbildend und Phosphor säurebildend ist, bewirkt die gestiegene Anzahl Calciumionen einen alkalischen Zustand in den Körperflüssigkeiten.

Dr. Yanagisawa untersuchte einen Matrosen, der an radioaktiver Verstrahlung von den Atombombentests auf dem Bikini-Atoll litt, auf Calciumionen und fand den Zusammenhang zwischen Calciumionengehalt und Krankheiten bestätigt — er konnte sogar den Tod des Matrosen voraussagen, indem er die Calciumionen zählte.

Kurz, etwa 40% des im Blutserum enthaltenen Calcium müssen in Ionenform vorliegen. Weniger als 40% heißt, man befindet sich im Anfangsstadium von Krankheit. Dr. Yanagisawa kam zu dem Schluß, daß Vitamin K Calcium ionisieren kann. Er nahm Produktion und Vertrieb von Pillen auf, die aus von wildem Gras stammendem Vitamin K bestanden, und machte viel Geld damit. Dr. H. Goto empfahl Vitamin K für die Behandlung von Tuberkulose. In beiden Fällen hilft Vitamin K bei der Ionisierung von Calcium. Nicht-ionisiertes Calcium ist unbrauchbar für unseren Körper.

Beide Ärzte verwendeten Vitamin K als Medizin und verdienten viel Geld damit. Wir brauchen solche Medizin jedoch nicht, da Vitamin K in der Natur reichlich vorhanden ist. Zum Beispiel in grünen Gemüsen, vor allem in den äußeren Blättern beim Kohl. Arthur Guyton schreibt in *Medical Physiology* (S. 858): „Weil Vitamin K von Bakterien im Dickdarm synthetisiert wird, braucht es im Normalfall nicht mit der Nahrung zugeführt zu werden. Aber wenn die Bakterienflora durch die Einwirkung großer Mengen Antibiotika zerstört wird, tritt sofort Vitamin K-Mangel ein, da es in normaler Kost nur spärlich vorkommt."

7. Zusammenfassung

Dr. Katase stellt in *Calcium Medicine* fest:

> „In der intrazellulären Flüssigkeit gibt es vier Sorten alkalischer Elemente in ionisiertem Zustand, und zwar Na, K, Ca und Mg. Daneben all die Nährstoffe, die vom Blut zugeführt werden, und Hormone und Stoffwechselabfallstoffe. Jene Nährstoffe müssen erst in die Zelle hineinkommen, indem sie die Zellmembranen passieren, bevor sie im Zellinneren verwertet werden können. Diese Passierbarkeit ist abhängig von Menge und Verhältnis der Ionen der vier alkalischen Elemente. Das ist der osmotische Druck der Zellmembranen.
>
> Anders gesagt, sind die vier alkalischen Elemente in der richtigen Menge und im rechten Verhältnis zueinander vorhanden, absorbieren die Zellen die größte Menge Nährstoffe und sind somit höchst gesund. In dem Moment sind auch wir höchst gesund. Sind die Zellen krank, sind wir es mit ihnen. Deshalb ist unser Gesundheitszustand abhängig von dem Zustand der alkalischen Elemente in den Körperflüssigkeiten."

Die vier alkalischen Elemente erhalten das Blut oder die intrazelluläre Flüssigkeit alkalisch, obwohl der Stoffwechsel jede Menge Säuren produziert. Allerdings steigen die Lebenskraft der Zellen und ihre Widerstandskraft gegen Bakterien in stärkerem Maße, wenn der alkalische Zustand durch Ca und/oder Na anstatt durch K und/oder Mg erreicht wird.

Dr. Katase züchtete unter Verwendung dieser Mineralstoffe Tuberkulose-Erreger. Ca und Na stoppten das Bakterienwachstum, doch K und Mg steigerten es. Dr. Katase konnte keinen Grund dafür finden. Zur Klärung dieses Sachverhaltes will ich im nächsten Kapitel auf den Unterschied zwischen Na und K eingehen.

Die folgende Tabelle wurde eingefügt, um zu zeigen, wie basenbildende

Elemente (Na, K, Ca, Mg) durch säurebildende Elemente (Cl, S, P) in unseren Körperflüssigkeiten balanciert werden.

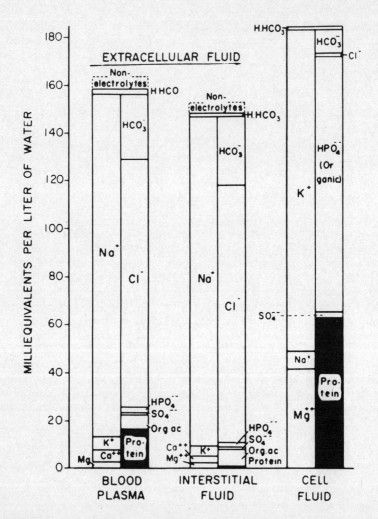

Die Zusammenstellung von Plasma, interstitieller (= dazwischenliegender) Flüssigkeit und intrazellulärer Flüssigkeit (Aus Guyton *Medical Physiology*).

KAPITEL IV

Yin und Yang — das östliche Modell

1. Dr. Sagen Ishizuka — Begründer der japanischen, makrobiotischen Medizin und Ernährungsweise

Sagen Ishizuka wurde am 4. Februar 1851 im Gebiet der Präfektur Fukui geboren, zwei Jahre bevor Admiral Perry mit der Forderung nach Öffnung des Handels zwischen Japan und den USA im Hafen Uraga eintraf.

Ishizuka liebte es schon von klein auf zu studieren. Mit 18 Jahren konnte er holländisch, französisch, deutsch und englisch verstehen. Mehr noch, sein Ziel beim Studium von Sprachen lag nicht allein in den Sprachen an sich; vielmehr lernte er sie, um Zugang zu westlicher, wissenschaftlicher Erkenntnis auf den Gebieten der Chemie, der Medizin und der Astronomie zu erhalten.

Bereits bei seiner Geburt litt er an einer Hautkrankheit. Mit vier Jahren hatte er juckenden Ausschlag (Prurigo) über den ganzen Körper verteilt, und mit fünf trat eine ernsthafte Nierenerkrankung auf. Diese Nierenkrankheit war Ursache seines Todes im Alter von 59 Jahren. Seine Hautkrankheit war durch die kranken Nieren bedingt, diese wiederum waren die Folge übermäßigen Fisch- und Gewürzkonsums seiner Mutter während der Schwangerschaft. Dies verstand er erst später durch die makrobiotische Medizin und Ernährungsweise. Seine Studien der fernöstlichen Medizin befähigten ihn, eine einzigartige Medizin zu schaffen.

Ishizuka litt zeitlebens an dieser Hautkrankheit (Nierenerkrankung). Mit 28, während er als Armee-Arzt in Seinan Senso diente (es herrschte ein Aufruhr, der von T. Saigo, dem berühmten General von Kagoshima, angezettelt war), war es diese Krankheit, die ihm schwere Schwellungen an

Beinen und Augenlidern sowie Proteinsekretionen im Urin bescherte. Mit 32 hatte er aufs neue mit der schweren Nierenerkrankung zu kämpfen. Just zu der Zeit begann er, die Beziehung zwischen Nahrung und Krankheit (makrobiotische Medizin und Ernährung) zu studieren.

Zuerst hatte er versucht, seine Krankheit durch die westliche Medizin zu heilen, wir können vielmehr sagen, sein Interesse am Studium der Medizin rührte daher, daß er sich von seiner chronischen Krankheit zu heilen wünschte. Nachdem er aber feststellen mußte, daß die westliche Medizin ihm nicht von Nutzen war, begann er, die fernöstliche Heilkunde zu studieren. Nach dem Studium beider Arten Medizin fand er schließlich geeignete Lebensmittel, die Japan Gesundheit bringen sollten. Das *Nei Ching* sagt: „Es gibt drei Kategorien Medikamente, die niedrigste davon ist giftig, die zweite ist schwach giftig und die höchste ist gar nicht giftig. Medikamente der niedrigsten Kategorie heilen sechs von zehn Krankheiten und lassen Gifte im Körper des Patienten zurück. Diejenigen der mittleren heilen sieben von zehn Krankheiten und hinterlassen geringfügig Gift. Selbst jene der höchsten Kategorie können lediglich acht oder neun von zehn Krankheiten heilen. Krankheiten, die die Medizin nicht heilen kann, können ausschließlich durch Nahrung geheilt werden."

Sagen Ishizuka kam zu dem Schluß, daß Nahrungsmittel die höchste Medizin darstellen, und das, nachdem er über viele Jahre die westliche Medizin geprüft hatte. Ihm wurde klar, <u>daß alle Krankheiten und jede körperliche Schwäche ihren Ursprung in falschen Eßgewohnheiten haben</u>. Anders gesagt, er begründete eine „Wissenschaft von der Nahrung für Gesundheit und Glück", was japanisch *Shokuyo* heißt und später von Georges Ohsawa *Makrobiotik* genannt wurde.

Was heißt Shokuyo? *Shoku*, das ist alles (an Materie und Energie), was den vollkommenen Menschen schafft und nährt. *Yo*, das ist die Art und Weise oder der Weg, uns in Kenntnis des *Shoku* zu ernähren. Anders gesagt, ist *Shokuyo* das rechte Wissen und dementsprechendes Handeln zum Zweck der Schaffung und Nährung des vollkommen gesunden Menschen.

Der Geist oder die Einstellung der *Shokuyo*medizin, die er bei den Kranken anwandte, war derjenigen der westlichen Medizin genau entgegengesetzt. Er verordnete für eine Magenkrankheit eine Adukibohnen-Vollreis-Kost, welche ein westlicher Arzt nicht zu verschreiben wagen würde, gemäß dem Glauben, daß Vollreis schwer verdaulich sei. Ferner empfahl er Klettenwurzel, Rettichsaft, Vollreis u.a., worin im modernen japanischen Denken kein therapeutischer Wert liegt. Er legte das Schwergewicht auf die Verbesserung der körpereigenen Widerstandskraft gegen Krankheiten anstatt darauf, Beschwerden symptomatisch zu heilen.

Schließlich kam er auf die Idee, die alle Nahrung in zwei Kategorien einteilt. Das eine ist die Kalium-Kategorie und das andere die Natrium-Kategorie. Er erklärte nicht nur Krankheiten durch Kalium und Natrium, sondern auch Vorgänge in der Natur wie jahreszeitliche Wechsel und die Verschiedenheit lebender Geschöpfe.

Zu Ishizukas Zeiten war die Ernährungsforschung hauptsächlich an den drei organischen Nährbaustoffen interessiert, die da sind Proteine, Fette und Kohlenhydrate. Nach Ishizuka machen zwar die organischen Nährbausteine den mengenmäßig größten Teil des Körpers aus, doch die anorganischen Mineralstoffe kontrollieren die Funktionsweise von Organen und Stoffwechsel und die Tätigkeit des Nervensystems. Seiner Ansicht nach sind Kalium (K) und Natrium (Na) die wichtigsten anorganischen Mineralstoffe in unserem Körper. Diese beiden haben sehr ähnliche Eigenschaften, und es ist schwer, sie voneinander zu unterscheiden. Wenn sie sich jedoch mit einer Säure verbinden und Salze bilden, sind diese Salze höchst unterschiedlich. Kaliumsalze und Natriumsalze sind einander in Bezug auf ihre Wirkungsweise im Körper so entgegengesetzt wie Mann und Frau in der Familie. Und nicht nur einander entgegengesetzt, auch ergänzend sind sie — genauso wie eine Ehefrau sich auf ihren Mann verläßt und ein Ehemann auf seine Frau. Vergleicht man Nährstoffe mit der Armee, so Ishizuka, dann sind die Kohlenhydrate die Soldaten, die den Hauptteil der Armee ausmachen; Proteine und Fette sind die Offiziere; Kalium ist der Oberst, während Natrium der General ist.

Kaliumsalze begünstigen Oxidation, Natriumsalze bremsen Oxidation. Um dies zu demonstrieren, streiche man eine Hanfschnur mit Aschenpaste ein und lasse das trocknen. Am einen Ende der Schnur wird eine Sicherheitsnadel oder Büroklammer befestigt, und am anderen Ende wird die Schnur so aufgehängt, daß sie frei herunterhängt. Dann verbrenne man die Schnur. Die Nadel oder Klammer wird abfallen, wenn die Schnur verbrannt ist. Jetzt nehme man ein weiteres Stück Schnur, versetze sie mit Kochsalz (NaCl) und lasse gut trocknen. Der weitere Vorgang wie eben, die Schnur mit der Nadel wieder frei aufhängen und anstecken. Die Schnur wird wohl verglühen, doch schwarze Asche wird die Nadel festhalten, weil das Salz auf der Schnur eine komplette Oxidation verhindert. Die unvollständige Verbrennung ergibt schwarze Asche.

Wenn man also Getreide und Gemüse ißt, die viel Kalium enthalten, wird das Blut gut oxidieren und dafür sorgen, daß die physiologischen Funktionen besser sind. Werden andererseits viel Fleisch, Geflügel, Fisch und

Eier, die alle eine Menge Natrium enthalten, verzehrt, gestaltet sich die Oxidation des Blutes nicht so günstig, und es bleiben viele giftige Säuren übrig. Daher kommt es, daß Vegetarier länger leben und diejenigen, die tierische Nahrung zu sich nehmen, ein Leben von kürzerer Dauer haben. Weil die Luft am Meer mehr Natrium als in den Bergen hat, ist das Leben der Leute, die am Meer wohnen, kürzer als das der Bergbewohner.

K-Salz fängt sofort Feuer und verbrennt rasch, hat aber auch die Eigenschaft, Hitze zu verringern und kühlend zu wirken. Im Gegensatz zu K-Salz verbrennt Na-Salz langsamer und hat die Eigenschaft, Hitze zu verstärken und wärmend zu wirken. Beispiel: Weit ab vom Meer gewachsenes Brennholz fängt ganz leicht Feuer und brennt gut; die Asche ist weiß. K-Salze sind in der Medizin zur Kühlung verwendet worden. Wenn man Aschenpaste auf die Haut aufbringt, hat das kühlende Wirkung. Dagegen ist es schwieriger, mit von der Küste stammendem Brennholz ein Feuer zu entfachen, außerdem brennt das Holz langsamer. Die Asche ist schwarz.

In Japan herrscht der Brauch, die Toten einzuäschern. Ist jemand Vegetarier gewesen, bleibt weiße Asche übrig, doch wenn er eine Menge tierische Nahrung zu sich genommen hatte, wird die Asche schwarz sein. Wenn nun also ein Mönch stirbt und schwarze Asche zurückläßt, ist das die Bestätigung, daß er kein hochgradig spirituelles Leben geführt hat. Ist seine Asche jedoch weiß, zeugt das davon, daß er ein spiritueller, echter Mönch gewesen ist.

Viel eingehender bespricht Dr. Ishizuka K-Salze und Na-Salze in seinem Buch *Chemical Diet for Longevity*. Er führt an, daß physiologische Unterschiede (wie z.B. Hautfarbe, Figur [dick oder dünn], Größe [groß oder klein], Wachstumsgeschwindigkeit, Kraft, Langlebigkeit, Krankheit, Stimme, gutes oder schlechtes Gedächtnis u.a.), allesamt auf Umwelteinflüsse und die Aufnahme von Nahrung mit K-Salzen und Na-Salzen zurückzuführen sind. Dr. Ishizuka wandte diese Beziehung von K-Salzen und Na-Salzen bei seinen Patienten an. Er empfahl, bei natriumtypischen Symptomen mehr kaliumhaltige Nahrung zu essen. Litt der Patient an einer kaliumtypischen Krankheit, empfahl er den Verzehr natriumhaltiger Nahrungsmittel.

Nach dem Erscheinen seines Buches wurde er so berühmt, daß er täglich hundert Patienten zu beraten hatte. Bei seiner Behandlung arbeitete er ohne Arzneimittel und ausschließlich mit diätetischen Empfehlungen. Man hielt die von ihm empfohlene Ernährungsweise für überholt. Doch seine Anweisungen halfen so vielen Leuten, daß er immer berühmter wurde. Briefe, die nur gerade eben mit: „Tokio, Dr. Anti-Doktor!" adressiert waren, kamen ohne weiteres bei ihm an.

Nach seinem Tode gründeten seine Schüler die *Shokuyo Kai-Gesellschaft.* Diese Gesellschaft wäre beinahe bankrott gegangen, wenn nicht ein junger Mann, der seine vielen Krankheiten mit der Vollreiskost Dr. Ishizukas geheilt hatte, alle Kraft und sein ganzes Geld aufgewendet hätte, um die Vereinigung zu reorganisieren. Sie gewann dann wiederum große Bekanntheit, und wieder kamen Hunderte von Patienten täglich. Dieser junge Mann war Georges Ohsawa. Nicht nur, daß er ein guter Geschäftsmann war, er studierte auch Ishizukas Theorie äußerst intensiv.

Durch die Beschäftigung mit dieser Theorie wurde Ohsawa klar, daß im Fernen Osten bereits seit Jahrtausenden ein Konzept bestand, welches die Beziehung zwischen K-Salzen und Na-Salzen beschreibt. Nach mehreren Jahren Studium übertrug er die Terminologie Ishizukas von K-Salz und Na-Salz in diejenige von Yin und Yang.

2. **Georges Ohsawa** — Begründer der heutigen Makrobiotik

Georges Ohsawa (Nyoichi Sakurazawa) wurde am 18. Oktober 1893 in Kyoto/Japan geboren. Seine Eltern waren eben erst aus ihrem Ort dorthin umgezogen, um einen Job zu finden. Ohsawa erzählte, daß seine Mutter ihn vor dem *Tenryu-ji* Tempel entbunden habe. Daher kommt es, daß es in Paris ein makrobiotisches Restaurant namens *Tenryu* gibt — im Andenken an jene Begebenheit.

Ohsawa wurde zum Editor und Manager der *Shokuyo Kai* gewählt. Er war voll beschäftigt mit Konsultationen, Schreiben und Vorträgen. Sein wahrscheinlich erstes Buch über makrobiotische Diätetik und Medizin, *Vortragsreihen über Shokuyo,* publizierte er 1928. Darin handelt er mehr die spirituelle Seite von Ernährung ab; doch die grundlegende Theorie deckt sich mit jener Ishizukas, mit einer Ausnahme: Ohsawa nannte sauer yang und alkalisch yin. Wahrscheinlich, weil Säuren blaues Lackmuspapier rot färben (rot = yang) und Basen rotes Lackmuspapier blau (blau = yin).

Später, anläßlich seiner ersten Vorträge über Makrobiotik im Januar 1960 in New York, ordnete er sauer yin zu und alkalisch yang. Da er Getreide als Yang-Nahrung einstufte, hatten viele Makrobiotik-Studenten die Vorstellung, Getreide wirkten alkalisch. So waren sie überrascht, als sie erfuhren, daß die meisten Getreidearten Säurebildner sind. Mit der Behauptung, sauer sei yin und Getreide yang, bewegte sich Ohsawa nicht auf ein und derselben Ebene. Die Aussage „sauer ist yin" bedeutet, daß sauer verglichen mit alkalisch mehr yin ist. Die Aussage „Getreide ist yang" bedeutet, daß Getreide verglichen mit Gemüse mehr yang ist. Zudem wies Ohsawa nicht auf den Unterschied zwischen sauren oder alkalischen Nahrungsmitteln einerseits und säure- oder basen*bildenden* Nahrungsmitteln andererseits hin, wie ich das bereits in den vergangenen Kapiteln getan habe.

Meiner Meinung nach gibt es Yin und Yang bei den säurebildenden Nahrungsmitteln genauso wie bei den basenbildenden. Das wird im nächsten Kapitel abgehandelt. Doch vorher muß ich Ihnen mehr Informationen über Yin und Yang geben.

3. Yin und Yang

Das Konzept von Yin und Yang gab es nicht nur im Fernen Osten, es existierte im Altertum überall in der Welt. Nach der griechischen Mythologie waren am Anfang Chaos und Erde. Aus dem Chaos kamen Erebus (Unterwelt) und Nacht; aus der Nacht der Äther (obere Luft) und Tag. Die Erde (fest) erzeugte das Meer (flüssig; Ozean). (Aus: Pinsent, *Greek Mythology*.)

Nach der indischen Mythologie ist Shiva der Zerstörer und Vishnu der Bewahrer. „Mit diesem Auge tötet er alle Götter und anderen Geschöpfe während der periodisch wiederkehrenden Zerstörungen des Universums." (Ions, *Indian Mythology*.) Weiter heißt es: „Als der Bewahrer ist er die Verkörperung von Barmherzigkeit und Güte, die aus sich selbst heraus existierende, alles durchdringende Kraft, die das Universum und Dharma, die kosmische Ordnung, bewahrt und erhält."

Somit vertritt Shiva die männliche Kraft des Universums und Vishnu die weibliche. Im *I Ging* (Buch der Wandlungen) steht *Kiën* für die starke Kraft, für Vater, für Himmel, und *Kun* steht für das Hervorbringende, für Mutter, für Erde. Im alten China wurden Kraft, Gewalt, Vernichtung, Geräusch — also himmlische Mächte — als Yang eingestuft. Die entgegengesetzten, d.h. irdischen Kräfte, die Pflanzen wachsen lassen, werden dem Yin zugeordnet. Das *I Ging*, das berühmte Buch der Weissagung, ist über einen Zeitraum von 5000 Jahren die Bibel der Chinesen gewesen. Es baut auf den 64 Hexagrammen auf, welche ihrerseits aus den 8 Trigrammen gebildet werden. Diese 8 Trigramme sind Kombinationen von nichts anderem als 3 Yins oder Yangs. Im *I Ging* steht eine durchbrochene Linie (— —) für Yin, während Yang durch eine ungeteilte, gerade Linie (——) symbolisiert wird.

Man findet solche Yin/Yang-Symbole überall und in allen Epochen.

Beispiele in Tafel 13.
Es gibt einige wichtige Grundgedanken im *I Ging*:
1. Yin und Yang sind antagonistisch, doch gleichzeitig komplementär. Deshalb ist das Yin/Yang-Konzept nicht mit dem westlichen Dualismus gleichzusetzen, der die Natur als zwei Antagonisten begreift: Kapital gegen Arbeit, Reiche gegen Arme, das Gute gegen das Böse, Richtiges gegen Falsches. Der fernöstliche Dualismus sieht wohl zwei Kräfte, die gegensätzlich sind, aber auch, daß sie einander ergänzen. Im Westen sind Mann und Frau antagonistisch; im Osten sind sie komplementär. Lao Tse hat diese Komplementarität, dieses Ergänzende, treffend im 2. Kapitel von *Tao Te King* zum Ausdruck gebracht: „Unter'm Himmel erkennen wir alle das Schöne im Schönen, weil nämlich auch Häßliches da ist. Wir erkennen Tugend, weil es nämlich auch böse Taten gibt."
2. Es gibt Yin innerhalb von Yang, und es gibt Yang innerhalb von Yin. Anders gesagt, es ist ein Keim von Glück da, wenn wir unglücklich sind, und umgekehrt. Es ist ein Keim von Krankheit da, wenn wir gesund sind, und umgekehrt.
3. *I* (易) bedeutet Wechsel, Wandlung. Yin/Yang heißt ebenfalls Wandlung. Yin wird zu Yang, und Yang wird zu Yin. Diese Vorstellung ist aus der Beobachtung der jahreszeitlichen Veränderungen heraus entstanden. So handelt es sich hier nicht um einen linearen Wandel, sondern einen Kreislauf (zyklischer Wandel). Es gibt keinen Anfang und kein Ende. Als dieses zyklische Konzept entstand, entwickelten sich die Theorie der 5 Wandlungszustände und die Theorie von den 12 Meridianen. Eine weitere Bibel der Chinesen, wie das *I Ging*, und eines der meistverkauften philosophischen Werke im Westen ist das *Tao Te King* von Lao Tse. Lao Tse legt dar, daß diese Welt durch das Zusammenwirken zweier Kräfte — Yin und Yang — entstanden ist. Da Yin und Yang relativ zueinander sind, ändert sich die Wertigkeit von Yin in dem Maße, wie sich die Wertigkeit von Yang ändert — eine absolute Wertigkeit, Wahrheit oder Tugend gibt es auf dieser Welt nicht. Der freie Mensch, oder der weise Mensch, von daher, lebt mit dem *Tao*, der Ordnung des Universums. Anders gesagt, er akzeptiert jede natürliche Veränderung.

Im Kapitel 22 gibt Lao Tse eine poetische Darstellung seiner Yin/Yang-Philosophie (Übertragung von Herman Aihara — Anm. d. Übs.):

> Was unvollkommen ist, wird vollkommen werden;
> Was krumm ist, wird gerade werden.
> Was leer ist, wird gefüllt werden;
> Und alles Alte wird erneuert werden.

> Wer wenig hat, wird gewinnen;
> Wer viel hat, wird verlieren.
> Der wahrhaft Weise
> Verweilt im Tao — dem Einen
> Und ist für immer frei.
> Doch weil er nicht an sich selber haftet,
> Empfängt er in Klarheit.
> Weil er keine feste Meinung hat,
> Ist sein Verständnis klar.
> Weil er sich seiner Taten nicht rühmt,
> Wird er geehrt.
> Weil ihn Erfolg nicht überheblich macht,
> Bleibt das Glück ihm treu.
> Weil er keinen Streit führt in der relativen Welt —
> Immerhin weiß er, sie ist wie Treibsand —,
> Kann nichts ihn aus der Fassung bringen.

Nach der chinesischen Legende war es im China des Altertums, als Fu Hi das *I Ging* schuf; als Sheng Nung Kräuterheilkunde lehrte und der Gelbe Kaiser Huang Ti das *Nei Ching* zusammenstellte — des Gelben Kaisers Buch der inneren Medizin. Das *I Ging* ist ein Buch über das Prinzip des Lebens, während das *Nei-Ching* ein Buch über Medizin ist. Es besteht aus zwei Teilen, der erste enthält die Theorie der Medizin und der zweite die praktische Anleitung zur Akupunkturbehandlung (steigende Nachfrage in den USA seit US-Präsident Nixons China-Visite). Shen Nungs Werk ist der Ausgangspunkt für die chinesische Kräutermedizin. Das grundlegende Konzept all dieser Werke ist Yin/Yang. Da ich vorhin das *I Ging* vorgestellt habe, möchte ich jetzt noch ein paar Abschnitte aus dem *Nei Ching* übersetzen:

„Das Fundament aller Erscheinungen sind die Yin/Yang-Verhältnisse der vier Jahreszeiten. Deshalb geben uns die Weisen den dringenden Rat, die Yang-Energie in Frühling und Sommer auszuschwitzen, während des Yin (Herbst und Winter) aber die Energie in uns zu halten. So ist das Leben im Einklang mit der Ordnung des Universums."

„Yin und Yang bekämpfen und ergänzen einander, durch sie entstehen alle Erscheinungen wie z.B. Tag und Nacht und der Lauf der vier Jahreszeiten. Anders gesagt, Yin und Yang sind Vater und Mutter allen Wandels. Yin/Yang ist die Ursache von Leben und Tod. Yin/Yang ist die Manifestation des Schöpfers. Deshalb muß die Heilung von Krankheit auf dem Yin/Yang-Prinzip basieren." [Dies ist das grundlegende Prinzip der chinesischen (oder fernöstlichen) Medizin.]

Auf den Charakter bezogen heißt yang geschäftig und aktiv, während yin ruhig und still bedeutet. Yang ist der Ursprung der Keimung, und Yin ist der Ursprung von Ernährung oder Wachstum.

Mao Tse Tung stellte in seinem Werk *Über den Widerspruch* fest:

> „Mathematik: plus und minus, differential und integral.
> Mechanik: Aktion und Reaktion.
> Physik: positive und negative Elektrizität.
> Chemie: Atome verbinden und trennen sich.
> Soziologie: die Klassenstruktur.
>
> Was viel wichtiger ist, daß sie sich ineinander verwandeln. Das heißt, in einer gegebenen Situation wandelt sich jeder der gegensätzlichen Aspekte innerhalb eines Phänomens in sein Gegenteil.
> Alle Prozesse haben einen Anfang und ein Ende; alle Prozesse kehren sich selbst um in ihr Gegenteil.
> Wir Chinesen sagen oft: ‚Dinge, die zueinander im Gegensatz stehen, ergänzen sich auch gegenseitig.' Das heißt, Dinge, die einander entgegengesetzt sind, sind identisch. Da gibt es ein Absolutes im Relativen."

Auch im Abendland gab es viele Yin/Yang-Denker. Die dialektische Denkweise wurde in der westlichen Welt im 19. Jahrhundert von Hegel entwickelt. Doch Engels war es, der die dialektische Betrachtungsweise in die Naturwissenschaft einbrachte. In *Dialektik der Natur* spricht er davon, daß alle natürlichen Prozesse zwei Seiten haben und auf dem Verhältnis von wenigstens zwei effektiven Teilen beruhen, Aktion und Reaktion. Interessanterweise stellt auch Hegel fest, daß letztlich alles relativ sei. Ohsawa sagt: „Es gibt kein absolutes Yin oder Yang. Sie sind relativ zueinander."

Es ist mir wichtig, noch einmal hervorzuheben, daß Yin/Yang kein dualistisches Konzept ist, wie dies die meisten westlichen Denker wohl annahmen. Die *Encyclopedia Britannica* definiert Dualismus wie folgt:

„Dualismus ist die Doktrin, nach der die Welt (oder Realität) aus zwei grundlegenden, entgegengesetzten, unvereinbaren Prinzipien oder Substanzen (z.B. gut und böse; Geist und Materie) aufgebaut ist. Der Dualismus hat in der Geschichte von Denken und Religion eine bedeutende Rolle gespielt." Nach dieser Definition scheint das Yin/Yang-Konzept dualistisch zu sein. Doch Yin/Yang ist *kein* Dualismus. Georges Ohsawa bezeichnete Yin und Yang als die zwei Seiten der Ein-heit — das ist der Schöpfer des Universums, Gott, das universale Bewußtsein oder wie immer man sie nennen will. Ein-heit ist unsichtbar. Wenn sich diese unsichtbare Wirklichkeit in unserer Welt manifestiert, erscheint sie in Form von Yin und Yang, den zwei antagonistischen Kräften oder Erscheinungen. Deshalb sind Yin und Yang relative Manifestationen Gottes oder des universalen Bewußtseins — des Menschen monistisches, unsichtbares, höchstes Konzept. Das ist sehr wichtig, denn wenn jemand Yin und Yang für eine andere Form von Dualismus hält, verwechselt er Gold mit Kupfer.

Ohsawa wandte das Yin/Yang-Konzept auf solche wissenschaftlichen Bereiche wie Physik, Physiologie, Biologie, Medizin, Chemie u. a. an. In *The Book of Judgement* schreibt er:

> „Das Einzige Prinzip teilt alle Dinge in zwei antagonistische Kategorien — das sind Yin und Yang nach den Weisen Chinas, oder Tamasic und Rajasic [oder Shiva und Vishnu], folgt man den indischen Heiligen. Sie sind tatsächlich zwei komplementäre Kräfte, unentbehrlich füreinander, wie Mann und Frau, Tag und Nacht. Sie sind die beiden grundlegenden, entgegengesetzten Faktoren, die unablässig erschaffen, zerstören und erschaffen, immer und immer wieder, alles was im Universum existiert.
>
> Vom physikalischen Aspekt her ist (sofern alle anderen Kriterien gleich sind) yin, was mehr Wasser enthält; das Gegenteil trifft zu für yang. Nach dem Einzigen Prinzip kann alles in die eine oder die andere der beiden Kategorien eingeteilt und dann gemäß dem entsprechenden Verhältnis der Yin- und Yang-Bestandteile koordiniert werden.
>
> Alle Wesenszüge der Dinge und Ereignisse in diesem Universum sind abhängig von dem Verhältnis und der Art und Weise des Zusammenwirkens von Yin und Yang. Anders gesagt, alle Erscheinungen und alle Wesenszüge der Dinge kommen durch den Einfluß dieser beiden fundamentalen Kräfte zustande: die zentripetale Kraft Yang und die zentrifugale Kraft Yin.
>
> Das zentripetale Yang bringt die folgenden Erscheinungen hervor: Hitze (also Aktivität der molekularen Bestandteile); Zusammenziehung; Dichte; Schwere (also absteigende, fallende Tendenz); abgeflachte, niedrige, horizontale Formen. Im Gegensatz dazu erzeugt zentrifugales Yin: Kälte (Verlangsamung der Molekularbewegung); Erweiterung; Ausdehnung (also aufsteigende Tendenz); Leichtigkeit (Aufsteigen im gegebenen Milieu); Vergrößerung; große, hohe Formen (im vertikalen Sinne).
>
> Alles, was im Universum existiert, hat eine Form, eine Farbe und ein charakteristisches Gewicht. Die langgezogene Form in vertikaler Richtung ist yin, dieselbe Form horizontal ist yang — die letztere steht unter dem Einfluß der zentripetalen Yang-Kraft, erstere unter dem der zentrifugalen Yin-Kraft."

Alle physikalischen Zustände sind yin oder yang. Tafel 11 zeigt einige physikalische Eigenschaften, nach Yin und Yang unterteilt.

Auf Klima oder jegliche Materie bezogen, ist heißer mehr yang als kälter. Darum haben Gegenden nahe dem Äquator ein Yang-Klima und die Arktis ein Yin-Klima. Heißes Wasser ist mehr yang als kaltes Wasser und heiße Suppe mehr yang als kalte, wenn sonst keine Unterschiede sind. Aus diesem Grund bevorzugen Yang-Personen eine kühlere Suppe, während Yin-Personen die heiße Suppe mögen. Doch das heiße Klima erzeugt Yin-Gemüse und -Früchte, und das kalte Klima bringt die Yang-Sorten hervor.

Tafel 11: Yin/Yang-Klassifizierung durch physikalische Zustände

Yang							Yin
rot	orange	gelb	grün	blau		indigo	violett
heiß		warm		kühl			kalt
bitter	salzig	süß		sauer			scharf
fest		flüssig		gasförmig			plasma
schwer							leicht
tätig							ruhig
Kontraktion		Koagulation		Separation			Expansion
Abwärtsbewegung							Aufwärtsbewegung
rund, kurz, dick				länglich, flach, dünn, lang			
Zeit							Raum
Zorn	Freude		Genießen (Frieden)		Trauer		Groll
Zentripetalkraft							Zentrifugalkraft
innere Mitte							äußere Peripherie

Trigramme:

☰   ☱   ☲   ☳   ☴   ☵   ☶   ☷

(Aus *Natürliche Medizin*, Georges Ohsawa 1938)

Nach der chinesischen Medizin ist der bittere Geschmack am meisten yang, gefolgt von salzig und danach süß. Scharf ist am meisten yin, es folgt sauer. Da süßer Geschmack am meisten ausgeglichen ist, ist es stets wünschenswert, daß gekochte Nahrung süß schmeckt.

Ein harter Muskel ist meist yang. Aber manchmal ist das Gegenteil der Fall. Jemand mit ganz harter Schulter beispielsweise ist gewöhnlich sehr yin, jedenfalls wenn die Verhärtung der Schultern von Ablagerungen überschüssiger Eiweiße und Fette stammt, welche yin sind.

Schwerere Dinge sind mehr yang und leichtere mehr yin. Schwerere Dinge bewegen sich schneller nach unten, leichtere weniger stark, oder sie steigen sogar auf.

Bewegen ist eine Yang-Manifestation, während in Ruhe verweilen yin ist. Es gibt dazu aber auch Gegenbeispiele, wie die Elektronen, die sich rasch bewegen, aber im Vergleich zu Protonen, die sich nicht bewegen, als yin betrachtet werden. In diesem Fall sind Elektronen yin, weil sie sich auf der Außenbahn bewegen und negativ geladen sind. Protonen sind yang, weil sie sich im Zentrum befinden und positiv geladen sind.

Kontraktion (Zusammenziehung) ist yang, weil die Zentripetalkraft vorherrscht. Expansion (Ausdehnung) ist yin, weil die Zentrifugalkraft vorherrscht. Unser Herz zieht sich zusammen und dehnt sich wieder aus, unablässig seit der Geburt bis zum Tod, ohne auszuruhen. Ruht es einmal, so nennen wir das Herzattacke. In Wirklichkeit ist das aber kein Angriff — das Herz ruht sich aus, weil wir ihm zuviel Arbeit zugemutet haben. Das Herz zieht sich zusammen und dehnt sich aus durch Anregung des autonomen Nervensystems. Anders gesagt, der Sympathikus (yin) bewirkt Ausdehnung (yin) und der Parasympathikus stoppt diese und der Herzmuskel kontrahiert. Yin-Nahrung verursacht mehr Expansion, und Yang-Nahrung verstärkt Kontraktion. Viele Herzmedikamente sind yin, so daß sie ausdehnend wirken, und für eine Weile schlägt das Herz stärker. Wird jedoch eine solche Yin-Medizin fortgesetzt verabreicht, wird das Herz schwächer. Digitalis ist die einzige Yang-Herzmedizin.

Ein rundes oder quadratisches Gesicht ist mehr yang als ein längliches oder dreieckiges.

Raum und Zeit mit Yin und Yang zu definieren, ist eines der interessantesten Beispiele der Yin/Yang-Theorie. Zeit ist yang, während Raum yin ist. In dem riesigen interplanetarischen Raum ist Zeit unermeßlich. Allein die Milchstraße ist so groß, daß sie einen Durchmesser von 200 Millionen Lichtjahren hat. Sie sehen, hier wird Raum in Zeit, nämlich Lichtjahren, gemessen. Mit anderen Worten, Zeit und Raum sind zwei Seiten ein und derselben Medaille. Wir leben in der gegenwärtigen Zeit, die so kurz — yang — ist. Der Raum aber dehnt sich unendlich weiter aus — also yin.

Unsere psychologische Verfassung steht in engem Zusammenhang mit unserem körperlichen Zustand und ist ebenfalls mittels Yin und Yang zu erklären. Wenn Sie zornig sind, verspannt sich der Körper, die Faust ist geballt — das ist yang. Sind Sie fröhlich und zufrieden, entspannt sich auch der Körper — das ist yin. Bei Groll, was extrem yin ist, ist der Körper dann wieder angespannt. Mit anderen Worten, bei beiden extremen Gefühlszuständen (Groll — yin; Zorn — yang) zieht sich der Körper zusammen, es werden Spannungen aufgebaut. Fröhliche, zufriedene Stimmung repräsentiert Yin und Yang in Balance; das ermöglicht Entspannung. Auch das

Tafel 12. Yin/Yang-Klassifizierung von Elementen durch Spektroskopie

Rot	Orange	Gelb	Grün	Blau	Violett
über 6500 A°	6499 bis 6000 A°	5999 bis 5750 A°	5749 bis 4820 A°	4819 bis 4290 A°	unter 4289 A°
Li H		He		Be	
C	Na	Ne		F	B
		Mg			O N
		Cl		P	Al Si
				S	
		Sc		A	
		Cr	Ti	V Ca	K
		Ni			Mn
				Fe	
			Cu		Co
		Zn			Ga
			Ge		
		As Se			
		Br		Kr Rb	Sr
				Y	Zr
		Pd	In		Nb
		Ag	Cd	Rh Ru	Mo
		Te I	Cs	Xe Sb	
			Ba	Ce	La
			Sm	Nd Pr	
				Em	
				Tb Eu	
		In Ta		Dy	
		Pt Au		Ho Er	Tu
		Hg	Tl	W Os	
		Th	Ra Bi		Pb

Yang-Aktivität ─────────────────────────────── Yin-Aktivität

(Aus *Das Einzige Prinzip der Philosophie und der Wissenschaft des Fernen Ostens* von Georges Ohsawa.)

Tafel 13. Allgemeine Yin/Yang-Klassifizierung

Symbol	Kraft	Energie	Atom	Element	Farbe	Jahres-zeit	Tages-zeit
yin ▽ - minus	zentrifugal		Elektron	O, N	ultra-violett	Winter	Mitternacht bis Morgengrauen
		magnetisch			violett		
		elektrisch		P, S	indigo		
Chinesisches Yin/Yang ☯				K	blau	Herbst	Dämmerung bis Mitternacht
Judenstern ✡		chemisch	Neutron		grün		
Christliches Kreuz †					gelb		
					braun	Frühling	Morgengrauen bis Mittag
		mechanisch			orange		
				Na	rot		Mittag bis Dämmerung
plus △ + yang	zentripetal	Gravitation Hitze	Proton	H	infrarot	Sommer	

Umgekehrte gilt: Ein entspannter Körper fördert zufriedene Stimmung.

Alle chemischen Elemente senden spezifische Wellenlängen aus. Nach Ohsawa können wir die Yin/Yang-Abstufung durch Spektroskopie vornehmen. Anders gesagt, wenn Elemente langwellige Strahlung erzeugen, sind sie yang. H (Wasserstoff), Na (Natrium), C (Kohlenstoff) und Li (Lithium) sind solche Elemente. Emittieren die Elemente kurzwellige Strahlen, sind

Tafel 13. Fortsetzung

Nahrung	körperlicher Zustand	Emotionen	psychologischer Zustand	Aktivität	Musik
	schwacher Puls			Schlaf	
		weinen	starrköpfig		
Chemische					sakral
Zusätze	bleiches Gesicht		pessimistisch		
		bekümmert		Meditation	
denaturierte	große, hervor-		negativ		
Nahrung	stehende Augen				
			introvertiert		Blues
Früchte				Schreiben	
	gelbes Gesicht		Zuhörer		
Gemüse					
		angenehm		Kochen	
Getreide			guter Zuhörer		Volksmusik
	rosa Gesicht		guter Redner	Singen	
Milchprodukte				Sprechen	
	kleine Augen		Redner	Gehen	
Fisch		freudig			
Geflügel			extrovertiert	Tanzen	
Schwein	rotes Gesicht				Rock & Roll
Rind		lachend	positiv	Schreien	
Eier					
Miso	kräftiger Puls		optimistisch	Disco-	
Sojasauce				tanzen	Disco
		zornig	größenwahn-		
Salz	gute Hautfarbe		sinnig	Joggen	

sie yin. O (Sauerstoff), N (Stickstoff), P (Phosphor) und K (Kalium) wären hier zu nennen.

Nach Tafel 12 hat Na eine langwellige Strahlung und ist damit yang, K gibt kurzwellige Strahlen ab und ist yin; das bestätigt Ishizukas Theorie.

Die meisten Lebewesen sind reicher an Yin- als an Yang-Elementen. Entsprechend hat es mehr K als Na in Tieren wie in Pflanzen. Ishizuka bestimmte die ideale Proportion von K:Na in der Nahrung für den Menschen mit 5:1. Ohsawa schrieb in seinem Buch *Natürliche Medizin,* daß sich dieses Verhältnis beim Menschen abhängig von seinen Lebensverhältnissen zwischen 3:2 und 7:1 bewegen kann. Ohsawa teilte die Nahrungsmittel nach Yin und Yang ein anhand des K:Na-Verhältnisses und der K-Na-Differenz. Deshalb nehme auch ich hier die Yin/Yang-Zuteilung danach vor.

4. Yin- und Yang-Nahrungsmittel

Bis hierhin habe ich das Konzept von Yin und Yang und seine allgemeine Anwendung erörtert. Jetzt möchte ich darauf eingehen, wie Yin und Yang in der Nahrung bestimmt werden können. Vom makrobiotischen Standpunkt aus gibt es zwei Arten von Elementen: Yin-Elemente und Yang-Elemente. Na ist ein Yang-Element und K, Fe, S und P sind Yin-Elemente. Yang-Nahrungsmittel sind reich an Na und Yin-Nahrungsmittel sind reich an K, Fe, S und/oder P — relativ betrachtet. Magnesium (Mg) scheint ziemlich in der Mitte von Yin nach Yang zu liegen, mit ganz leichter Neigung zu Yang. Calcium (Ca) ist sehr reichlich in Fisch, aber nicht in Rind, Schwein oder Huhn enthalten. In Bohnen und manchen Gemüsesorten wie Rettichblättern kommt Ca ebenfalls reichlich vor, aber nicht in Getreide. Darum ist Ca nicht geeignet, um Nahrungsmittel nach Yin und Yang zu klassifizieren. Da K das bekannteste Yin-Element und Na das bekannteste Yang-Element ist, benützte Ohsawa das Verhältnis K:Na und die Differenz K-Na, um das Yin und das Yang der Nahrung zu bestimmen.

Regel 1: Nahrung mit einem hohen K:Na-Wert ist yin im Vergleich zu Nahrung mit einem niedrigeren K:Na-Wert.
Regel 2: Nahrung mit einem niedrigen K:Na-Wert ist yang im Vergleich zu Nahrung mit einem höheren K:Na-Wert.
Regel 3: Nahrung mit großer K-Na-Differenz ist yin im Vergleich zu Nahrung mit kleinerer K-Na-Differenz.
Regel 4: Nahrung mit kleiner K-Na-Differenz ist yang im Vergleich zu Nahrung mit größerer K-Na-Differenz.

Tafel 14 zeigt, daß K:Na und K-Na von Eiern verglichen mit anderen Nahrungsmitteln beide niedrig sind, so daß wir sagen können, daß Eier sehr yang sind. In dieser Tabelle ist Kabeljau am meisten yang. K:Na bei Möhren ist 1,8 — fast so yang wie Eier! Das geschah, denke ich, wohl durch einen Fehler im Experiment, was die Auswahl des für die Messungen verwendeten Teils der Möhre betrifft. Für Möhren nehmen Sie bitte Tafel

Tafel 14. Gehalt an K und Na (100 g Proben) um 1930

Nahrungsmittel	K (mg)	Na (mg)	K:Na	K-Na
Kabeljau	22,0	59,0	0,4	- 37,0
Hühnerei	17,4	22,9	0,8	- 5,5
Hühner-Eiweiß	31,4	31,6	1,0	- 0,2
Seebarsch	21,0	19,0	1,1	- 2,0
Eigelb	9,3	5,9	1,6	3,4
Gerste	16,8	4,2	4,0	12,6
Möhren, Rüebli	36,5	20,7	1,8	15,8
Roggen	18,3	1,5	12,2	16,8
Buchweizen	23,5	6,1	3,9	17,4
Vollreis	23,0	4,6	5,0	18,4
Hirse	23,7	4,1	5,8	19,6
Weizen	31,0	1,7	16,0	29,3
weißer Reis	28,0	2,0	14,0	26,0
Rettiche	34,7	14,3	2,8	20,4
Muttermilch	33,8	9,2	3,5	24,6
Fleisch	36,9	9,6	4,0	27,3
Tee	37,6	8,0	4,5	29,6
Zwiebeln	34,7	2,8	12,0	31,9
Lotuswurzeln	47,6	14,3	3,3	33,3
Kohl	44,3	8,3	5,1	36,0
Sojabohnen	44,4	1,0	44,0	43,4
Birnen	52,9	8,8	6,0	44,1
Trauben	50,0	5,0	10,0	45,0
Erdnüsse	47,9	1,2	40,0	46,7
Pilze	54,3	5,0	11,0	49,3
Süßkartoffeln	54,3	3,3	16,5	51,0
Äpfel	55,9	3,0	18,0	52,9
Auberginen	54,3	1,4	39,0	52,9
Kartoffeln	60,4	3,1	20,0	57,3
Bambussprossen	62,5	4,2	14,9	58,3
Kaffee	261,0	6,0	44,0	255,0

(Aus *Natürliche Medizin,* Georges Ohsawa, 1938)

15 zur Hand. Um die Richtigkeit der K:Na- und K-Na-Werte zur Yin/Yang-Bestimmung zu bestätigen, habe ich aus zwei Büchern neueren Datums eine ähnliche Nahrungsmittelliste erstellt. Es ist Tafel 15. Sie

Tafel 15. Gehalt an K und Na (100 g Proben) um 1970

Nahrungsmittel	K (mg)	Na (mg)	K:Na	K-Na
Albi	540,0	10,0	54,0	530,0
Äpfel, frisch, m. Schale	110,0	1,0	110,0	109,0
Apfelessig	100,0	1,1	100,0	99,0
Auberginen, roh	214,0	2,0	207,0	212,0
Austern	121,0	73,0	1,7	48,0
Avocados, roh	604,0	4,0	151,0	600,0
Bananen, roh	370,0	1,0	370,0	369,0
Bohnen, Aduki	1500,0	20,0	70,0	1480,0
——, Lima, roh	650,0	2,0	325,0	648,0
——, Pinto, roh	984,0	10,0	98,0	974,0
——, rote, roh	984,0	10,0	98,0	974,0
——, schwarze	1300,0	4,0	325,0	1296,0
——, Soja-	1680,0	3,0	560,0	1677,0
——, weiße, roh	1198,0	19,0	63,0	1178,0
Broccoli, roh	382,0	15,0	25,5	367,0
Cashews	465,0	15,0	31,0	450,0
Datteln	638,0	1,0	638,0	637,0
Erdbeeren, roh	164,0	1,0	164,0	163,0
Erdnüsse, roh	676,0	5,3	128,0	671,0
Feigen, roh	194,0	2,0	97,0	192,0
Garnele	220,0	140,0	1,6	80,0
Gerstengraupen	336,0	7,5	44,8	328,5
Grapefruit, roh	135,0	1,0	135,0	134,0
Gurke, ganz	160,0	6,0	27,0	154,0
Hefe, trocken (Bäcker)	2000,0	52,0	38,0	1948,0
——, Bier-	1896,0	121,0	16,0	1775,0
Heilbutt, roh	449,0	54,0	8,3	395,0
Hühnerei, ganz, roh	130,0	122,0	1,1	8,0
——, Eigelb, frisch	112,0	71,0	1,6	41,0
——, Eiweiß, frisch	139,0	152,0	0,91	- 13,0

(Am meisten yang ist das Weiße vom Ei, gefolgt vom gesamten Ei, Schlußlicht ist das Eigelb. Doch alle drei sind sie zu yang, nahezu ohne jegliches Yin; daher: Wer jeden Tag Eier ißt, handelt sich ernste Herzprobleme ein.)

Joghurt, entrahmte Milch	132,0	47,0	2,8	85,0
Kabeljau, ganz, roh	382,0	70,0	5,5	312,0
Käse, Cheddar-	82,0	700,0	0,12	- 618,0
——, Hütten-	85,0	229,0	0,37	- 144,0

(Schweizer Käse ist ein wenig mehr yin als Cheddarkäse; behandelter amerikanischer Käse ist weitaus mehr yang.)

Tafel 15. Fortsetzung

Nahrungsmittel	K (mg)	Na (mg)	K:Na	K-Na
Kaffee, ganz, geröstet	1600,0	2,0	800,0	1598,0
Karpfen, weiß, roh	286,0	50,0	5,7	236,0
Kartoffel, roh	407,0	3,0	136,0	404,0
——, Süß-	330,0	40,0	8,3	290,0
Kastanien	1140,0	16,0	71,0	1124,0
Kaviar, Stör	180,0	2200,0	0,08	-2020,0
Kichererbsen	797,0	26,0	30,7	771,0
Knoblauch	528,0	19,0	27,8	509,0
Kohl, Kopf, roh	233,0	20,0	11,7	213,0
(Chinakohl hat in etwa dieselben Werte wie der angegebene Kohlkopf)				
Kürbis, Garten-, roh	340,0	1,0	340,0	339,0
——, Süß-, roh	202,0	1,0	202,0	201,0
Lachs, frisch	399,0	45,0	8,9	354,0
Linsen, trocken	790,0	30,0	26,3	760,0
Löwenzahn, Blätter	398,0	76,0	5,2	322,0
Maiskorn, roh	202,0	1,0	202,0	201,0
Mandeln, ungesalzen	690,0	3,0	230,0	687,0
Meeresalgen, Dulse	8071,0	2088,0	3,87	5983,0
——, Kelp	5280,0	3011,0	1,75	2269,0
——, Kombu	6600,0	2700,0	2,4	3900,0
——, Nori	3800,0	680,0	5,6	3120,0
——, Wakame	2700,0	2540,0	1,1	160,0
Mehl, Buchweizen	260,0	14,0	19,0	246,0
——, Weizen	140,0	5,0	28,0	135,0
Milch, Voll-, Kuh	144,0	50,0	2,9	94,0
——, menschl. Mutter	51,0	16,0	3,2	35,0
——, Ziege	180,0	34,0	5,3	146,0
Miso	545,0	5100,0	0,11	- 4555,0
Möhren, roh, ohne Kraut	341,0	47,0	7,3	294,0
Orangen (Apfelsinen)	200,0	1,0	200,0	219,0
Petersilie	727,0	45,0	16,0	682,0
Pilze, roh	414,0	15,0	27,6	399,0
Reis, Voll-, roh	112,0	4,0	28,0	108,0
Rettiche, ohne Kraut	321,0	18,0	18,3	303,0
Rindfleisch, Lendenstück	603,0	48,8	12,4	554,0
Rosinen, getrocknet	763,0	27,0	28,3	736,0
Schokolade, ohne Zucker	831,0	4,0	208,0	827,0
Schweinefleisch, roh	360,0	51,0	7,1	671,0

Tafel 15. Fortsetzung

Nahrungsmittel	K (mg)	Na (mg)	K:Na	K-Na
Seebarsch, frisch	256,0	68,0	3,8	188,0
Sellerie, roh	341,0	126,0	2,7	215,0
Senfblätter, roh	377,0	32,0	11,8	345,0
Sesam, trocken	726,0	60,0	12,1	666,0
Sojasauce	457,0	8367,0	0,05	- 7910,0
Spargel, roh	278,0	2,0	139,0	276,0
Speck, geräuchert, roh	57,0	253,0	0,23	- 196,0
Spinat, roh	470,0	71,0	6,6	399,0
Taro, roh	514,0	7,0	73,4	507,0
Teigwaren, mit Ei	136,0	5,5	25,0	130,0
——, Spaghetti, behandelt	195,0	2,0	97,0	193,0
——, Soba, gekocht	30,0	90,0	0,33	- 60,0
——, Udon, gekocht	5,0	17,0	0,29	- 12,0
Tofu, fritiert	100,0	14,0	7,1	86,0
Tomaten, reif, roh	244,0	3,0	81,3	241,0
Walnüsse	573,0	3,0	191,0	570,0
Wasserkresse, roh	282,0	52,0	5,4	230,0
Weizen, Voll-, Frühling	370,0	3,1	119,0	367,0
Welsfilet, roh	330,0	60,0	5,5	270,0
Zucker, braun	630,0	13,0	48,5	617,0
Zwiebeln, roh	157,0	10,0	15,7	147,0

(Aus *Food Values of Portions Commonly Used* von Bowes und Church; sowie *Zusammensetzung der Nahrung* vom japanischen Ministerium für Wissenschaft und Technologie.)

können feststellen, daß die K:Na- und K-Na-Werte in Tafel 15 viel höher sind als jene in Tafel 14. Das zeigt, so glaube ich, daß die Nahrungsmittel allgemein mehr yin werden aufgrund der Tatsache, daß heute weit mehr Düngemittel und Chemikalien als früher verwendet werden.

Die stark denaturierten Nahrungsmittel oder Getränke von Tafel 15, wie die höchst kommerziellen Lebensmittel und Bier oder Wein, sollten nicht als Maßstab gelten. Wenn Wein oder Bier vollkommen natürlich hergestellt wird, bekommen wir einen Wert, der sich gewaltig von dem hier vorliegenden unterscheidet.

Im allgemeinen kann die folgende Klassifizierung angewendet werden:

	sehr yin	*gut balanciert*	*sehr yang*
K:Na	über 100	100- 10	unter 10
K-Na	über 200	200-100	unter 100

Beim Mahlen oder Polieren verliert jedes Getreide fast alles Natrium und wird stark yinnisiert.

Broccoli, Cashews, Hefe, Joghurt, Kohl, Knoblauch, Meeresalgen, Möhren, Petersilie, Pilze, Rosinen, Sellerie, Senfblätter, Spinat und Wasserkresse haben niedrige K:Na-Werte, was auf starkes Yang hindeuten würde. Nun ist aber die Differenz K-Na beträchtlich hoch, und dies bedeutet Yin. Folglich genügen allein die K:Na/K-Na-Werte für die Yin/Yang-Bestimmung der Nahrungsmittel nicht, es müssen weitere Faktoren in Betracht gezogen werden, wie die folgenden:

a. Pflanzen, die im Süden besser oder üppiger wachsen, sind yin; diejenigen, die im Norden besser oder üppiger gedeihen, sind yang. (Das gilt für die Nordhalbkugel!)
b. Pflanzen, die auf der Nordhalbkugel von April bis September wachsen, sind yin, solche in der Zeit zwischen Oktober und März sind yang.
c. Pflanzen, die über der Erde senkrecht nach oben wachsen, sind yin; diejenigen, die horizontal wachsen, sind yang.
d. Pflanzen, die unter der Erde horizontal wachsen, sind yin; solche, die senkrecht nach unten wachsen, sind yang.
e. Bei Pflanzen bedeutet schnelleres Wachstum yin und langsameres yang.
f. Diejenigen Pflanzen, die eher groß werden, sind yin und jene, die eher klein bleiben, yang.
g. Gemüse mit kurzer Garzeit sind yin; diejenigen, die länger brauchen, sind yang. Dabei gibt es aber Ausnahmen: Einige Yang-Gemüse, nämlich Jinenjo (Bergkartoffel), grüne Schalotten und Sellerie haben keine lange Kochzeit. Bohnen dagegen, obwohl sehr yin, müssen lange gekocht werden.
h. Violett, indigo, blau, grün oder weiß sind die Farben von Yin-Gemüsen; gelb, orange, braun, rot und schwarz deuten auf Yang-Gemüse. Doch auch hier Ausnahmen: Tomaten haben eine rote Farbe, aber sind yin (säurereich und wäßrig).
i. Wäßrige Gemüse sind yin und trockenere yang.

Tafel 16. Vergleich von K und Na bei
verschiedenen Körperflüssigkeiten

Name	K mg/ml	Na mg/ml	K:Na	K-Na	
Blutplasma (alkalisch)	91	350	0,26	- 259	yang
Speichel (alkalisch)	76	76	1,00	0	yang
Schweiß (alkalisch)	39	134	0,29	- 95	yang
Bauchspeichel (alkalisch)	18	324	0,06	- 306	yang
Darmsekrete (alkalisch)	90	249	0,38	- 150	yang
Magensaft (sauer)	36	136	0,26	- 100	yang
Urin (alkalisch*)	195	207	0,94	- 12	yang
Stuhl	282	81	3,48	201	yin

* Normalzustand bei vegetarischer Ernährung

j. Schwerere Gemüse sind yang, leichtere yin.
k. Weiche Gemüse sind yin und harte yang. (Wenn Sie also süßeren Kürbis wollen, kaufen Sie schwerere, härtere Exemplare!)

Da wir tierische Nahrung ohnehin kaum empfehlen — wir essen davon nur gelegentlich —, ist deren Yin/Yang-Klassifizierung nicht so wichtig. Trotzdem seien hier für Anfänger, die das noch essen wollen, und/oder für Leute, die das Yin und Yang der Nahrung studieren möchten, einige Grundregeln aufgeführt:

a. Fleisch von warmblütigen Tieren ist mehr yang als dasjenige von wechselwarmen. Darum sind Rind, Schwein, sowie Huhn und anderes Geflügel mehr yang als Fische (Schellfisch z.B.). Das ist einer der Gründe, weswegen wir eher Fisch oder Schellfisch anstatt Fleisch von Warmblütern empfehlen. Konservenfisch hat aber häufig infolge Salzzusatz viel Natrium und wird dadurch zu yang.
b. Für die Nordhalbkugel gilt, daß Tiere, die im Süden (warmes Klima) besser gedeihen, yin sind und diejenigen, die im Norden (kaltes Klima) besser wachsen, yang sind.
c. Tiere, die Winterschlaf halten, sind yin; solche, die das nicht tun, sind yang.
d. Tiere, die sich langsam bewegen, sind yin; diejenigen, die schnell

Tafel 17. Vergleich zwischen menschlichem Blut und Bienenhonig bei bestimmten chemischen Elementen

Element	menschl. Blut (mg/ml)	Bienenhonig (mg/ml)
K	0,030	0,3860
Na	0,320	0,0010
Mg	0,018	0,0180
S	0,004	0,0010
P	0,005	0,0019
Fe	Spuren	0,0007
Ca	0,011	0,0040
Cl	0,360	0,0290
J	Spuren	Spuren
K:Na	1:10 (0,03:0,32)	386:1 (0,386:0,001)

und aktiv sind, sind yang.
e. Salzwasserfische sind mehr yang als Süßwasserfische.

Fische, die auf dem Grund von Gewässern (ob Meer, See oder Fluß) leben, sind mehr yin als jene, die nahe der Oberfläche leben. Der Karpfen beispielsweise lebt auf dem Grund von Fluß oder See, wo weniger Sauerstoff als an der Oberfläche verfügbar ist. Er kommt mit weniger Sauerstoff aus, weil sein Blut ihn gut speichern kann. Deshalb wird Karpfenblut im Fernen Osten den Lungenentzündungs-Patienten gegeben.

Tafel 16 zeigt Verhältnis und Differenz von K und Na in verschiedenen Körperflüssigkeiten.

Viele Vollwertköstler verwenden Honig anstelle von Zucker oder Saccharin. Honig ist zwar natürlich und enthält Vitamine — von daher ist er um einiges wertvoller als Zucker oder Saccharin. Doch aus makrobiotischer Sicht sollte Honig nur in sehr bescheidenem Umfang verwendet werden, da er sehr yin ist. Betrachten Sie dazu Tafel 17. (Ich kann Ihnen dazu keine Quellenangaben machen, da ich das Buch nicht mehr habe.)

Die chemische Zusammensetzung von Honig ist erstaunlich ähnlich der-

Tafel 18. Yin/Yang-Klassifizierung verschiedener Nahrungsmittel

yin

Früchte
Tropenfrüchte
Zitronen
Pfirsiche
Birnen
Apfelsinen
Wassermelonen
Äpfel
Erdbeeren

Meeresalgen
Nori
Hiziki
Wakame
Kombu

Nüsse und Samen
Cashew
Erdnüsse
Mandeln
Kastanien

Kürbiskerne
Sonnenblumenkerne
Sesam

Bohnen
Sojabohnen
Grünerbsen
weiße Bohnen
Pintobohnen
Nierenbohnen
schwarze Bohnen
Kichererbsen
Adukibohnen

Getränke
gezuckerte Drinks
Fruchtsäfte
Kaffee
Schwarztee
Mineralwasser
Sodawasser
Quellwasser
Kokkoh
Banchatee
Mu-Tee
Yannoh
Ginseng

Tierisches
Schellfisch
weißfleischiger Fisch
Geflügel
Fleisch
rotfleischiger Fisch
Eier

Alkoholika
Wodka
Wein
Whiskey
Sake
Bier

Gemüse
Kartoffeln
Auberginen
Tomaten
Shiitake
Tarokartoffeln
Gurken
Süßkartoffeln
Spinat
Spargel
Sellerie
Kohl
Kürbis
Zwiebeln
Knoblauch
Steckrüben
Daikon
Lotuswurzeln
Klettenwurzeln
Möhren

Jinenjo

Getreide
Mais
Hafer
Gerste
Roggen
Weizen
Reis
Hirse
Buchweizen

Milchprodukte
Eiscreme
Joghurt
Butter
Milch

Ziegenmilch

Weichkäse
Hartkäse

Gewürze
Gomasio

Tamari
Miso

Salz

yang

Die Nahrungsmittel sind von Yin (oben) nach Yang (unten) aufgelistet. Diese Tabelle ist nur eine Richtlinie, da die Yin/Yang-Eigenschaften von Nahrungsmitteln noch stark von Herkunft, Anbau- bzw. Produktionsweise, Jahreszeit, welcher Teil des Nahrungsmittels verwendet wird, Kochweise usw. abhängen.

jenigen vom menschlichen Blut, mit Ausnahme der Gehalte an K und Na. Das Verhältnis von K (yin) zu Na (yang) im menschlichen Blut ist 1:10, wohingegen es bei Honig 386:1 ist. Honig ist also 4000mal mehr yin als Blut!

Verwenden wir nun die oben erwähnten Yin/Yang-Kriterien, können wir alle Nahrungsmittel in Yin/Yang-Kategorien einteilen. Solche Klassifizierungen sind von vielen Makrobiotik-Studenten vorgenommen worden. Die hier verwendete stammt aus *Die Hohe Kunst des makrobiotischen Kochens (Ryori-Do)* (Cornellia Aihara) und tritt nun hier als Tafel 18 auf.

KAPITEL V

Das Vier-Räder-Gleichgewicht der Nahrungsmittel

1. Einteilung von Nahrungsmitteln nach Säure/Base + Yin/Yang

Nachdem ich nun die Nahrungsmittel in zweierlei Hinsicht, nämlich zum einen bezüglich ihrer Yin/Yang-Neigungen und zum anderen bezüglich ihrer säure- und basenbildenden Eigenschaften, dargestellt habe, ist der Punkt erreicht, die beiden Betrachtungsweisen zu vereinen. Säurebildende Nahrungsmittel können je nach ihrem Gehalt an Natrium (Na), Kalium (K), Calcium (Ca), Magnesium (Mg), Phosphor (P) und Schwefel (S) Yin oder Yang zugeordnet werden. Basenbildende Nahrungsmittel können in derselben Weise nach Yin oder Yang klassifiziert werden.

Yin-säurebildende Nahrung ist reich an P und S, doch arm an Na. Yang-säurebildende Nahrung ist reich an P, S und Na.
Yin-basenbildende Nahrung ist reich an K und Ca, doch arm an P und S. Yang-basenbildende Nahrung ist reich an Na und Mg, doch arm an P und S.

So können alle Nahrungsmittel in vier Sektionen eingeteilt werden (entsprechend den vier Rädern eines Autos), wie Tafel 19 zeigt.

2. Wie man die Vier-Räder-Karte liest

Ich habe Chemikalien, Arzneimittel, Rauschdrogen, weißen Zucker, Süßwaren, Softdrinks, kommerziell hergestellten Essig, Saccharin und alle raffinierten Nahrungsmittel als säurebildend eingeteilt. Die Begründung

Tafel 19. Vergleich Yin/Yang und
Säure/Base in der Nahrung

Sektion II *yin-säurebildende Nahrung* chemische Drogen, Pillen Zucker, Zuckerwaren, Softdrinks alkoholische Getränke Bohnen, Nüsse	Sektion I *yin-basenbildende Nahrung* Honig, Bohnenkaffee Kräutertee, Banchatee Früchte, Samen Gemüse
Sektion IV *yang-säurebildende Nahrung* Getreide tierische Nahrung	Sektion III *yang-basenbildende Nahrung* trockene Rettichpickles Sojasauce Miso, gesalzene Umeboshi Salz

dafür ist folgende: Diesen Nahrungsmitteln fehlen Mineralstoffe, insbesondere basenbildende. Wenn diese Nahrung eingenommen wird, kann der Körper daher die dadurch entstehenden Säuren nicht neutralisieren, es sei denn, er verwendet dafür die im Körper gespeicherten basenbildenden Mineralstoffe. Anders gesagt, da diese Nahrungsmittel selbst keine basenbildenden Mineralstoffe mitbringen, wird ihre Verdauung die im Körper gespeicherten basenbildenden Mineralstoffe aufzehren. Darum werden diese Nahrungsmittel als säurebildend eingestuft, selbst wenn sie womöglich gar keine säurebildenden Mineralstoffe enthalten. <u>Aus dem gleichen Grund halte ich auch Tofu für säurebildend, denn Tofu wird aus raffinierten Sojabohnen hergestellt und hat keine basenbildenden Elemente.</u>

Auch wenn die meisten Ernährungsfachleute unraffinierte Sojabohnen für stark basenbildend halten, habe ich sie als säurebildend eingereiht. <u>Ich bin der Ansicht, daß Sojabohnen — genauso wie andere Bohnen — säurebildend sind, weil sie viel Fett und Eiweiß enthalten, die beide säurebildend sind.</u> Dazu folgende Erklärung: Wenn wir übermäßig viel Fett konsumieren, wird von dem Überschuß zumindest ein Teil nur unvollkommen verdaut, und diese unvollkommene Verbrennung eines Fettes erzeugt Essigsäure, welche die Körperflüssigkeit in einen Zustand versetzt, der als zu

sauer anzusehen ist. <u>Strenger Körpergeruch, den manche Leute haben, hat seine Ursache gewöhnlich in der Essigsäure in ihrem Organismus.</u>
Was Eiweiß betrifft, wenn wir davon mehr konsumieren, als wir benötigen, wird der Überschuß aufgespalten, und es entsteht Harnstoff daraus. Da Harnstoff eine diuretische (harntreibende) Wirkung auf unsere Systeme ausübt, bewirken hohe Anteile davon im Blut, daß die Nieren zuviel Wasser ausscheiden. Gleichzeitig mit dieser übermäßigen Ausscheidung von Wasser gehen Mineralstoffe wie Calcium, Natrium und Kalium im Urin verloren. Da diese Mineralstoffe basenbildende Elemente sind, kann man sagen, daß eine der Folgen von übermäßigem Eiweißkonsum ein Anstieg des Säuregrades der Körperflüssigkeit ist. Aus diesem Grunde habe ich Bohnen und Bohnenprodukte den säurebildenden Nahrungsmitteln zugeordnet.

3. Mahlzeiten ausgleichen

Unter einer ausgeglichenen Mahlzeit ist zu verstehen, daß sie gleichermaßen bezüglich der Yin- und Yang-Faktoren und der Säure- und Base-Komponenten ausgeglichen ist. In Tafel 20 kann Nahrung unter diesem Gesichtspunkt ausgewählt werden, indem man die Sektionen diagonal anwendet. Stellen Sie z.B. ein Menü aus yang-säurebildenden Nahrungsmitteln (Sektion IV) und yin-basenbildenden Nahrungsmitteln (Sektion I) zusammen. Solche Mahlzeiten bestehen aus der Kombination von Getreide und Gemüse, Fisch und Salat oder Huhn und Früchten. Doch Mahlzeiten, die vier Arten Nahrungsmittel, sprich Nahrungsmittel aus allen vier Sektionen von Tafel 19 oder 20, enthalten, werden besser ausgeglichen sein. Solch ein ausgeglichenes Mahl würde beispielsweise Miso, Getreide, Gemüse und Bohnen beinhalten.

Ganz allgemein gilt: Für Yang-Personen ist es ratsam, 50% oder mehr aus den Sektionen I und II zu sich zu nehmen, Yin-Personen mögen sich zu 50% oder mehr aus den Sektionen III und IV bedienen. Soweit eine ganz allgemeine Grundregel für gesunde und normal aktive Personen. Kranken Menschen sei das gründliche Studium der fernöstlichen, makrobiotischen Medizin empfohlen (im Anhang dieses Buches finden Sie eine entsprechende Literaturliste und Adressen von Informationsstellen). Die individuelle Ernährungsweise, die Konstitution, die bisherigen Eßgewohnheiten, die äußeren Lebensbedingungen, die Aktivität, der Beruf, das Alter — all das muß in Betracht gezogen werden. Doch in den meisten Fällen dürfte eine aus einem guten Querschnitt ausgewählte Nahrung genügend ausgewogen sein.

Tafel 20. Das Vier-Räder-Gleichgewicht der Nahrungsmittel aus Tafel 19 im Detail

Sektion II
yin-säurebildende Nahrung

die meisten Chemikalien
Arzneimittel
Rauschdrogen
Zucker
Süßwaren
Softdrinks
Essig
Saccharin
Wodka
einige Weine
Whiskey   Maiskeimöl
Sake   Olivenöl
Bier   Sesamöl
                                            Erdnußmus
Sojabohnen   Cashewnüsse   Sesampaste
grüne Erbsen   Erdnüsse
Tofu   Mandeln
weiße Bohnen   Kastanien
Pintobohnen
Nierenbohnen
schwarze Bohnen
Kichererbsen
Adukibohnen

Makkaroni
Spaghetti   Menschen-

Sektion IV   Kuh-
yang-säurebildende Nahrung

Mais, Hafer
Gerste, Roggen
Weizen
Reis   Schellfisch
Buchweizen   Aal, Karpfen
                        weißfleischiger Fisch
                        Käse
                        Geflügel
                        Fleisch
                        Thunfisch, Lachs
                        Eier

Tafel 20. Fortsetzung

Sektion I
yin-basenbildende Nahrung

natürlicher Wein			
natürlicher Sake	Honig	tropische Früchte	
Cola	Senf	Datteln, Feigen	
Kakao	Ingwer	Zitronen, Trauben	
Fruchtsäfte	Pfeffer	Rosinen, Bananen	
Bohnenkaffee	Curry	Pfirsiche	
Schwarztee	Zimt	Korinthen	Kartoffeln
Mineralwasser		Birnen, Pflaumen	Auberginen
Sodawasser		Apfelsinen	Tomaten
Quellwasser		Wassermelonen	Shiitake
		Äpfel, Kirschen	Tarokartoffeln
		Erdbeeren	Gurken
			Süßkartoffeln
			Pilze
			Spinat
			Spargel
			Broccoli
			Sellerie
			Kohl
			Süßkürbis
			Zwiebeln
			Steckrüben
	Kürbiskerne		Daikonrettich
	Süßkürbiskerne		Nori
	Sonnenblumenkerne		Hiziki
milch	Sesamsamen		Möhren/Rüebli

milch

Sektion III
yang-basenbildende Nahrung

Kuzu-Tee		Wakame
		Kombu
		Lotoswurzel
	Hirse	Klettenwurzel
Löwenzahntee		Löwenzahnwurzel
Mu-Tee		Jinenjo
Ohsawa-Kaffee	Sesam-Salz	
Yannoh	Sojasauce	
Ginseng	Miso	
	Umeboshi	
	Salz	

Das Vier-Räder-Gleichgewicht der Nahrungsmittel

Eine solche Auswahl geschieht intuitiv und aus der Tradition. Beispiel: Ein großes Steak (Sektion IV) wird von einer Fülle von Salaten, Früchten und Wein (Sektion I) begleitet sein. <u>Verspüren Sie starke Gelüste nach Zucker, sollten Sie besser Ihren Salzkonsum einschränken. Dieses Salz muß nicht nur aus dem Tafelsalz herkommen, sondern kann auch durchaus aus behandelter Nahrung oder Fleisch stammen.</u>

Am Morgen nach einem Festessen mit mächtig viel Rindfleisch, Hühnerfleisch oder Käse verlangt es einen nach mächtig viel Kaffee oder Apfelsinen. Fleischesser werden wach mit einer Tasse Kaffee oder einem Glas Orangensaft. Das schafft den Ausgleich nicht nur bei Yin und Yang, sondern auch bei Säuren und Basen.

Wer im Büro arbeitet, schaltet häufig Kaffeepausen ein, weil diese Arbeit einen sauren Zustand in der Blutbahn bewirkt. Kaffee hilft dann alkalisieren. Doch ist Kaffee äußerst yin und somit für Vegetarier nicht zu empfehlen. Vegetarisch lebende Menschen finden in Bancha-Zweig-Tee oder Mu-Tee ein besseres basenbildendes Getränk.

Vielleicht möchten Sie nun ein Menü aus Reis, Fisch, Tofu und Bier auf den Tisch bringen. Das wäre zwar vom Yin/Yang-Aspekt her gut ausgeglichen, doch sind diese vier alle säurebildend — und somit ist letztlich nichts ausgeglichen. Hier sollten Sie nun eine Menge Rettich, Blattgemüse, Banchatee oder (wahlweise für Yang-Personen) Früchte dazugeben.

Diese Tabellen (Tafel 19 und 20) werden Hausfrauen bei der Zusammenstellung der Menüs eine große Hilfe sein.

<u>Die Makrobiotik empfiehlt Getreide (yang-säurebildend) als Hauptnahrung. In der Kombination mit Gemüse (yin-basenbildend) und Salz (yang-basenbildend) wird die vom Getreide gebildete Säure ausgeglichen.</u> Normalerweise halten 50-70% Getreide, 30-50% Gemüse (inbegriffen Meeresalgen und Bohnen) und Salz (eingeschlossen Sojasauce, Miso, salzige Pickles) die Säure- und Base-Faktoren im Blut im Gleichgewicht.

Leute, die über lange Zeit tierische Nahrung gegessen haben, neigen dazu, einen hohen Säuregrad im Blut zu haben, selbst wenn sie große Mengen basenbildender Elemente in Form von Natrium in ihren Geweben gespeichert haben. Dieses Natrium — gespeichert im Gewebe — liegt jedoch nicht in ionisierter Form im Blut vor, und das Blut bleibt sauer. Dieses Situation verlangt basenbildende Nahrungsmittel in Form von Gemüse und Früchten und nur ein wenig Getreide in der Ernährung. Eine solche Person kann nicht viel Natrium als basenbildendes Element zu sich nehmen. Kanten (Algen-Gelee), Wakame, Nori, Kombu und Hiziki sind gut in diesem Fall.

In der Makrobiotik werden gewisse yin- und yang-säurebildende Nahrungsmittel nicht empfohlen, aber die meisten basenbildenden. Die Getreide sind die stärksten säurebildenden Nahrungsmittel in der makrobiotischen Kost, der Rest besteht überwiegend aus basenbildender Nahrung. Darum sollte es mit dem Säure/Base-Gleichgewicht keine Probleme geben, solange die Nahrungsmittel nach Yin/Yang ausgesucht sind — es sei denn, man folgt einer strikten Nur-Getreidekost. Vom Säure/Base-Aspekt her sollten die meisten Abendländer also nicht mit einer strikten Nur-Getreideernährung beginnen.

Wenn man allerdings sehr gründlich kaut — 100 bis 200mal pro Bissen —, werden die sauren Getreide durch die Verbindung mit dem alkalischen Speichelenzym Ptyalin alkalisch, und dann erzeugen sie keine Azidität, selbst wenn man ausschließlich Getreide ißt. Wenn Sie Ihre Fähigkeit, ausgeglichene Mahlzeiten zuzubereiten, verfeinern möchten, lesen Sie die folgenden Bücher:

Die Hohe Kunst des makrobiotischen Kochens –Cornellia Aihara
Das makrobiotische Algen-Kochbuch – Peter & Montse Bradford
Das große Buch der makrobiotischen Küche – Aveline Kushi
Mit Miso kochen – Aveline Kushi
Rezepte für die makrobiotische Küche – Lima Ohsawa

KAPITEL VI

Säuren und Basen im Leben

1. Azidose

Azidose ist die Tendenz zur Übersäuerung, die bei bestimmten Krankheiten auftritt. Es entstehen zwar ständig Säuren im Körper, gewöhnlich werden sie aber durch die Körperausscheidungen eliminiert.

Es gibt gewisse Umstände die Verdauung betreffend, in denen Azidose entsteht, entweder aufgrund erhöhter Säureproduktion oder durch den Verlust von alkalischen Substanzen über den Stuhl. Das geschieht nach großem Flüssigkeitsverlust durch Erbrechen oder Durchfall. Die Behandlung zielt darauf ab, durch Gabe von Wasser und Salzen die verlorene Flüssigkeit zu ersetzen und die Produktion von sauren Substanzen zu unterbinden. Die Makrobiotik empfiehlt folgende Getränke zur Behandlung bei Erbrechen oder Durchfall:

1) Sho-ban (Sojasauce und Bancha-Zweig-Tee)
2) Salzpflaume, Ingwer, Sojasauce, Banchatee
3) Algensuppe
4) Misosuppe mit Wakame
5) Kuzu, Sojasauce, Salzpflaume, Banchatee

Diabetes ist die am weitesten verbreitete Krankheit, die zu Azidose führt. Bei Diabetes ist der Körper nicht in der Lage, Glukose zu nutzen, so daß Fette unvollständig verbrannt werden und saure Verbindungen entstehen. Die Säuren sammeln sich an, wenn nicht ausreichend alkalische Substanzen im Blut verfügbar sind.

Azidose entsteht auch bei manchen Nierenerkrankungen, doch niemals so gravierend wie im Zusammenhang mit Diabetes. Übermäßige Produktion von Magensäure kann gleichfalls Azidose hervorrufen. Diese ist das Resultat von zuviel Fleisch oder raffiniertem Getreide, von Überanstrengung ohne richtig zu atmen, von Kummer, zuviel Alkohol und übermäßigem Rauchen u.a. Zusammen mit diesem Zustand treten oft Magengeschwüre auf.

Bei Säureüberschuß bedingt durch Überkonsum von tierischer Nahrung, Getreide oder fettigen Speisen gibt die Makrobiotik folgende Empfehlungen:

1) Wakame-Misosuppe
2) Adukibohnen-Vollreis
3) Daikon-, Gurken-, Kohlpickles
4) gekochter Spinat
5) geriebener Rettich
6) keine tierische Nahrung, kein Zucker

Westliche Ernährungsfachleute empfehlen Zitrusfrüchte als natürliches Gegenmittel bei Azidose; das hat seine Richtigkeit, wenn die Azidose Resultat von übermäßigem Verzehr tierischer Nahrung ist.

Die wesentliche Wirkung der Azidose besteht in der Beeinträchtigung des Zentralnervensystems (ZNS). Sinkt der pH-Wert des Blutes unter 7,0, wird das ZNS dermaßen in Mitleidenschaft gezogen, daß die betreffende Person zuerst ihre Orientierung verliert und schließlich ins Koma fällt. Daher tritt der Tod bei Patienten, die an diabetischer oder urämischer Azidose oder anderen Azidosearten sterben, gewöhnlich im Koma ein. Bei Azidose bewirkt die hohe Wasserstoff(H^+)-Ionen-Konzentration eine schnellere und tiefere Atmung. Eines der diagnostischen Merkmale bei Azidose ist also eine gesteigerte Lungenventilation (rasches Atmen). Es gibt aber noch eine andere Form der Azidose, die durch langsames Atmen in Erscheinung tritt. Dadurch wird weniger Kohlendioxid ausgeschieden, und es kommt zu einem Anstieg des Kohlensäurespiegels im Blut.

Ist Azidose eine Folge von Diabetes, Nierenproblemen und Geschwüren, sollten tierische Nahrung und Zucker vom Speisezettel verschwinden, weil sie eine Hauptursache für Azidität darstellen. Gekochte Getreide und Gemüse mit etwas Salz, Sojasauce und Miso sollten den Hauptteil der Kost ausmachen. Äußerlich können Ingwerkompressen und Albipflaster (oder Chlorophyllpflaster) auf die Nieren gelegt werden, um diese zu aktivieren. (Bezüglich dieser Behandlungsmethoden informieren Sie sich bitte gründlich in der im Anhang angegebenen Literatur.)

2. Alkalose

Alkalose ist das Gegenteil von Azidose. Guyton darüber in *Medical Physiology:*

„Metabolische Alkalose kommt nicht annähernd so häufig vor wie metabolische Azidose. In den meisten Fällen tritt sie als Folge von Überdosen alkalischer Medikamente auf — wie z.B. Natriumhydrogencarbonat bei der Behandlung von Gastritis oder Magengeschwüren. Gelegentlich entsteht metabolische Alkalose jedoch durch *übermäßiges Erbrechen des Mageninhalts* hauptsächlich aus dem oberen Teil des Magens, ohne gleichzeitiges Erbrechen des unteren Mageninhalts, was übermäßigen Verlust der von der Magenschleimhaut abgesonderten Salzsäure nach sich zieht. Daraus ergibt sich ein Säureverlust aus den extrazellulären Flüssigkeiten und die Entwicklung von metabolischer Alkalose...

Die wesentliche Wirkung von Alkalose auf den Körper ist *eine Übererregbarkeit des Nervensystems*. Das betrifft beide, sowohl das Zentralnervensystem als auch die peripheren Nerven, aber letztere sind gewöhnlich zuerst, vor dem ZNS, betroffen. Die Nerven werden derart erregbar, daß sie spontan und wiederholt Impulse senden, selbst wenn sie nicht durch normale Reize stimuliert werden. Als Resultat fallen die Muskeln in einen Zustand von *Tetanie*, d.h. einen Zustand von Starrkrampf. Diese Tetanie erscheint gewöhnlich zuerst in den Muskeln des Unterarmes, breitet sich sodann rasch auf die Gesichtsmuskeln aus und schließlich über den ganzen Körper. Alkalosepatienten sterben möglicherweise an einer Tetanie der Atemmuskulatur....

Nur gelegentlich zeigt ein Alkalosepatient schwere Symptome von ZNS-Übererregbarkeit. Die Symptome können dann in Form von extremer Nervosität oder (bei empfindlichen Personen) Krämpfen zutage treten. Wer z.B. eine Veranlagung zu epileptischen Anfällen hat, bei dem führt häufig schon einfache Hyperventilation zu einem Anfall."

3. Was sind „Acid"-Drogen?

Psychedelische Drogen haben gemeinhin auch die Bezeichnung „Acid" (sauer; Säure). Sind sie denn tatsächlich sauer? Der Bezeichnung nach müßten LSD (Lysergsäurediäthylamid), Meskalin (3,4,5-Trimethosyphenäthylamin) und STP (2,5-Dimethoxy-4-methylamphetamin) allesamt Säuren sein und Wasserstoff(H^+)-Ionen abgeben. Das bedeutet jedoch nicht, daß diese Drogen Säuren im Körper bilden. Sie gehören, sofern nicht synthetisch, zu der Familie der Alkaloide.

In *Collier's Encyclopedia* heißt es dazu:

„Der Begriff ‚Alkaloid' (d.h. alkali-ähnlich) wurde erstmals von W. Meissner 1821 verwendet. Pierre Joseph Pelletier, der 1820 Chinin entdeckt hatte, verwendete zuerst das Suffix ‚-in' als typische Endung für Alkaloid-Bezeichnungen... Die deutsche Endung ‚-in' kommt heute noch in Alkaloid-Bezeichnungen wie ‚Heroin' und ‚Stypticin' vor. Die meisten Alkaloide erhalten ihre Bezeichnung vom wissenschaftlichen Namen der Pflanze (z.B. Aconitin vom Gattungsnamen *Aconitum*), vom umgangssprachlichen Namen der Pflanze bzw. des Produktes (z.B. Chinin von *Chinarinde* und Ergonovin vom französischen *ergot*, ‚Mutterkorn'), von gewissen physiologischen Eigenschaften (z.B. Morphin von lateinisch *Morpheus*, Gott des Schlafes, so genannt wegen der schlaffördernden Eigenschaften der Droge) oder vom Namen einer angesehenen Persönlichkeit (z.B. Pelletierin nach dem Chemiker Pelletier)."

Nach der *Encyclopedia Britannica* sind Alkaloide „... vor allem wegen ihrer physiologischen Wirksamkeit bemerkenswert; viele haben eine lange Geschichte als Gifte, Narkotika, Halluzinogene und medizinische Wirkstoffe. Verallgemeinert sind Alkaloide basische bzw. alkalische Substanzen — d.h. sie neutralisieren Säuren; ihre Moleküle bestehen hauptsächlich aus Atomen von Kohlenstoff und Wasserstoff sowie Stickstoff, der den Anlaß für ihre Alkalinität gibt."

Der Grund dafür, daß Alkaloid-Drogen alkalisch sind, ist in ihrem Gehalt an dem basenbildenden Element Stickstoff (N) zu suchen. Warum sind sie dann aber nicht alkalisch, wenn sie synthetisch hergestellt sind? Obwohl ich bis dato keine wissenschaftliche Untersuchung darüber gefunden habe, möchte ich folgende These aufstellen: Der Grund ist, daß nicht nur Stickstoff, sondern auch andere basenbildende Elemente wie K, Na, Ca und Mg in natürlichen Alkaloiden vorhanden sind. Doch diese Elemente sucht man im Fall der synthetischen Alkaloide vergeblich. Meiner Meinung nach sind K, Na, Ca und Mg diejenigen Elemente, die die Alkaloide alkalisch machen.

Dazu die *Britannica:*

„Die physiologische Wirksamkeit von Alkaloiden ist nicht nur in der Medizin von Bedeutung, sondern auch in Landwirtschaft und Gerichtschemie. Betäubungsmittelabhängigkeit und der Gebrauch von Alkaloiden als Halluzinogene sind schwerwiegende soziale Probleme. In der Medizin finden Alkaloide als Narkotika, Analgetika, Malariamittel, Lokalanästhetika, als Stimulans für Herz, Uterus und Atemsysteme und als Substanz zur Erhöhung des Blutdrucks Verwendung; ferner bewirken sie eine Ausdehnung der Pupillen oder bringen eine Lockerung der Skelettmuskeln zustande....

Viele Alkaloide sind von medizinischer Bedeutung, weil sie gelegentliche Vergiftung bei Vieh und Mensch verursachen. [Einige davon sind Bilsenkraut, Tollkirsche und Stechapfel. Diese giftigen Pflanzen gehören zu der Familie der Nachtschattengewächse, wie auch die Kartoffel.] Ein anderes Beispiel ist die Gruppe der Mutterkornalkaloide, die im Mutterkorn entstehen, einem Pilz, der auf Getreidekörnern wächst; sie finden legitime Verwendung in der Medizin, doch traten durch den Verzehr mutterkornhaltigen Getreides viele ernsthafte Krankheiten (Ergotismus) auf, bevor man die genaue Ursache erkannt hatte."

Als analgetische Drogen kennen wir Morphin, Codein und Heroin (Diacetylmorphin). Gäbe es sie nicht, wären viele Kinofilme und TV-Shows, die wir heute haben, nicht entstanden.

Und weiter die *Britannica*:

„Das Alkaloid aus der Chinarinde, Chinidin, ist ein Herzstimulans, welches zur Korrektur von Arrhythmien beim Atrium (Vorkammer des Herzens) Anwendung findet, und Chinarinde- und Rauwolfia-Alkaloide werden bei Arrhythmien beim Ventrikel (Herzkammer) verwendet. Es gibt keine generell anwendbaren Alkaloide bei kongestiver Herzinsuffizienz, wobei das Herz unzulänglich pumpt, obwohl sein Rhythmus normal ist. Generell ist ein anderer Typ Substanz, nämlich Digitalisglykoside, die Droge der Wahl bei dieser Art Herzkrankheit....

Viele Alkaloide beeinflussen die Atmung; praktisch alle davon erzeugen jedoch andere, oft unerwünschte Nebenwirkungen. Beispiel: Atropin in maßvoller Dosierung regt die Atmung an, auch wenn sie durch Morphin gedrosselt wurde, hat jedoch auch eine Reihe von Nebenwirkungen auf das Gehirn und erweitert die Pupillen der Augen....

Ergonovin, eines der Mutterkornalkaloide, findet verbreitet Anwendung bei der Geburtshilfe, zur Linderung von auf die Geburt folgende Gebärmutterblutungen, seine Wirkung besteht in erster Linie aus Verengung der Blutgefäße. Diese Wirkung hat auch Ephedrin und wird deshalb in großem Umfang zur Linderung der Beschwerden bei gewöhnlicher Erkältung, Nebenhöhlenentzündung, Heuschnupfen und Bronchialasthma benützt.... Anders als bei Atropin hebt bei Ephedrin die Pupillenerweiterung nicht die Licht- und die Akkommodationsreflexe der Augen auf. Es gibt noch eine Menge andere nützliche Erweiterungsmittel, von denen Scopolamin eines der wirksameren ist. Auch Kokain, ein potentes Lokalanästhetikum, ist ein Dilator.

Viele Alkaloide besitzen lokalanästhetische Eigenschaften, und einige davon produzieren nicht die unerwünschten Nebenwirkungen von Kokain.... Moderne synthetische Lokalanästhetika, billiger als Kokain und diesem oftmals überlegen, haben dieses Alkaloid weitgehend, doch keineswegs vollständig verdrängt."

Die physiologische Wirkungsweise der oben erwähnten Alkaloide kann mit dem Yin/Yang-Prinzip erklärt werden. Diese Alkaloide einschließlich der synthetischen sind sehr starke Yin-Substanzen. Da sie yin sind, regen sie den sympathischen Nerv an, wenn sie in den Blutstrom eingetreten sind. Dieser sympathische Nerv produziert das Yin-Hormon Noradrenalin, wel-

Tafel 21. Mechanische Wirkung auf verschiedene Teile des Organismus

Organe	Wirkung der sympathischen Reizung *Yin*	Wirkung der parasympathischen Reizung *Yang*
Auge: Pupille	erweiternd	kontrahierend
Wimpernmuskel	keine	anregend
Schweißdrüsen	reichliches Schwitzen (cholinergisch)	keine
apokrine Drüsen	dicke, riechende Sekretion	keine
Herz: Muskel	rascherer Herzschlag kräftigerer Herzschlag	langsamerer Herzschlag schwächerer Herzschlag
Kranzarterien	gefäßerweiternd	verengend
Lunge: Bronchien	erweiternd	verengend
Blutgefäße	leicht verengend	keine
Leber	Freisetzung von Glukose	keine
Gallenblase und -gänge	hemmend	anregend
Nieren	verringerter Ausstoß	keine
Harnleiter	hemmend	anregend
Blase: Detrusor	hemmend	anregend
Blasendreieck	anregend	hemmend
Penis	Ejakulation	Erektion
Blutgefäße: abdominal	verengend	keine
Muskel	verengend (adrenergisch) erweiternd (cholinergisch)	keine
Haut	verengend (adrenergisch) erweiternd (cholinergisch)	erweiternd
Blut: Koagulation	verstärkend	keine
Glukose	ansteigend	keine
Grundstoffwechsel	ansteigend bis um 50%	keine
Nebennierensekretion	ansteigend	keine
geistige Aktivität	ansteigend	keine
Muskeln zum Haare-Aufrichten	anregend	keine

(aus: *Function of the Human Body*, Guyton.)

ches Yang-Organe wie Herz, Leber, Nieren und Lunge stimuliert. (Yin-Stimulans dehnt Yang-Organe aus.) Und dennoch verursacht diese Stimulation eine Blutgefäßverengung, wie oben erwähnt. Warum? In Wirklichkeit zieht sich der Blutgefäßmuskel nicht zusammen — er dehnt sich nach innen aus. Daraus ergibt sich eine Verengung. Tafel 21 zeigt die entgegengesetzten Funktionen des parasympathischen (yang) und des sympathischen (yin) Nerves. Der Parasympathikus (yang) kann durch Yang-Drogen (wenn es sie denn gibt) stimuliert werden oder durch Nahrungsmittel wie Miso, Sojasauce, Salz u.ä. Der Sympathikus (yin) kann durch Yin-Drogen (die meisten Drogen sind yin) angeregt werden; oder durch Nahrungsmittel wie sämtliche Früchte, die meisten Gemüse, Gewürze, Softdrinks, Zucker, Honig und Zuckerwaren sowie alkoholische Getränke, Bohnenkaffee und Tee.

Diese Alkaloide sind derart yin, daß sie Na in der extrazellulären Flüssigkeit des zentralen wie des peripheren Nervensystems neutralisieren. Eine Folge davon ist, unser Nervensystem verliert seine Polarität. Elektrizität wird keine erzeugt und die Übermittlung hört auf. Somit verursachen Alkaloide Schmerzbefreiung, lokalanästhetische Effekte, Muskelentspannung und sogar Halluzinationen oder Euphorie (Lösung von psychischer Verspannung). Die synthetischen Drogen können diese Yin-Effekte hervorrufen, sorgen aber gleichermaßen für übersäuertes Blut. Natürliche Drogen haben geringere Nebenwirkungen.

Drogen, ob natürlich oder synthetisch, beeinflussen nicht nur das Nervensystem; sie verändern auch die Funktionsweise des Gehirns. Das geschieht durch Blockierung der Wirkung von Serotonin, doch ist der genaue Vorgang der heutigen Medizin nicht bekannt. Dieser Effekt ist stärker, wenn es sich um Drogen synthetischer Herkunft handelt.

Vom makrobiotischen Standpunkt aus enthalten psychedelische Drogen sowohl stark basenbildende als auch stark säurebildende Elemente. Die basenbildenden Elemente bewegen sich im Blutstrom abwärts, und die säurebildenden streben nach oben auf das Gehirn zu; dadurch trennen sich die beiden für das innere Gleichgewicht lebenswichtigen Faktoren innerhalb unseres Körpers. Anders gesagt, unser sensorielles Nervensystem wird unter dem Einfluß der Alkalinität erregt und sendet viele Reize zum Gehirn, doch das Gehirn selbst ist durch Azidität in seiner Funktion beeinträchtigt und nicht in der Lage, die Botschaften zusammenzubringen bzw. vernünftig zu interpretieren. So entstehen Halluzinationen.

Bedingt durch die hohe Säurekonzentration hat längerwährender Konsum solcher Drogen unvermeidlich eine Gehirnschädigung zur Folge. Dem Mißbrauch von solchen Drogen kann man durch einfaches Reduzieren des Verzehrs von Zucker und tierischer Nahrung (beides stark säurebildend) zuvorkommen, weil diese Nahrungsmittel für die Hinwendung zu Drogen verantwortlich sind. (Nähere Informationen dazu in *Rauchen, Marihuana und Drogen* von Ohsawa/Aihara/Pulver.)

4. Ernährungstips für die Heilung von durch Drogenkonsum verursachten Krankheiten

Jemand, der körperliche oder seelische Beschwerden aufgrund von Drogen hat, muß in erster Linie geduldig und überlegt seine Gesundheit wieder aufbauen, denn es gibt keine Wunderheilung für diese Leiden. Immer wenn ich jungen Leuten begegne, die körperlich und seelisch von jahrelangem Drogenmißbrauch gezeichnet sind, denke ich nach und suche nach Wegen für eine Heilung. Das Folgende ist mein ernster Rat für alle diejenigen, die ihre Gesundheit und ihr Wohlergehen wiederherstellen wollen.

Drogen schädigen die Darmflora. Darum sollte, wer über lange Zeit Drogen genommen hat, sich keine allzu restriktive Ernährung verordnen. (Lesen Sie dazu bitte *Makrobiotik: Eine Einladung zu Gesundheit und Glück* von Georges Ohsawa.) Reiskleie (Nuka)-Pickles und Misosuppe werden helfen, die Darmflora wieder aufzubauen. Essen Sie Nuka-Pickles zu jeder Mahlzeit und Misosuppe einmal täglich. (Rezepte dafür finden Sie z.B. in *Die Hohe Kunst des makrobiotischen Kochens*).

Wer einen geschwächten Darm hat, sollte besonders gründlich kauen, sollte Vollgetreide, Gemüse, Meeresalgen und Bohnen essen — alles gut zubereitet. Oft ist es hilfreich, auf Brot zu verzichten, da dessen Schlacke viel härter ist und leicht Reizungen hervorruft, wenn die Darmauskleidung empfindlich ist. Viele Freunde, die viel Zucker oder Drogen zu sich genommen hatten, erlitten Darmblutungen durch Brot. Für solche Personen ist Getreide in weicherer Form geeigneter, etwa Nudeln und manche mit Algen zubereitete Suppen. Die japanischen Algensorten Kombu und Wakame sind besonders gut für yinnisierte Därme, weil sie Schleim absondern können, was sich lindernd und heilend auf den angeschlagenen Darm auswirkt. Ferner liefern sie große Mengen von Mineralstoffen, die das Blut zu alkalisieren helfen. Diese Wirkung ist besonders wichtig, weil viele Drogenkonsumenten zu einem hochsauren Blutzustand neigen, auch wenn die erste Reaktion von Drogen basenbildend zu sein scheint. Doch die forcierte Stimulation der Organe durch die Drogen erzeugt eine Menge Säuren.

Drogen setzen durch Anregung der Nebennieren deren Hormone oder Adrenalin frei. Rindenhormone und Adrenalin erhöhen den Glukosespiegel im Blut, und man fühlt viel Energie durch die Verbrennung der Glukose. Das Ergebnis ist hohe Säureproduktion. Deshalb ist der Konsum von Drogen mit dem Verzehr von Zucker vergleichbar. Es braucht eine gewaltige

Menge Mineralstoffe, damit das Blut in alkalischem Zustand erhalten wird. Meeresalgen sind die beste Nahrung hierfür.

Die nächsthäufige Krankheit unter Drogenkonsumenten ist Nierenschwäche, welche sich in häufigem Wasserlassen, Blasenproblemen, Ausschlag, Hautproblemen, müdem Rücken, mineralischem Ungleichgewicht im Blut (woraus hohe Empfindlichkeit gegenüber Salz-Überkonsum resultiert) und Störungen im autonomen Nervensystem äußert. Leute mit diesen Problemen müssen gut darauf achten, welche Menge Salz sie nehmen. Heiße Ingwerumschläge hinten auf die Nieren haben meist eine sehr gute Wirkung auf diese Organe. Adukibohnen und schwarze Bohnen zu essen bzw. deren Saft zu trinken ist hilfreich. Wenig zu trinken wird empfohlen, doch zu sehr eingeschränkte Flüssigkeitszufuhr wird Schwäche hervorrufen.

Doch das beste Heilmittel für die Nieren ist so harte, körperliche Arbeit, daß man wenigstens einmal am Tag ins Schwitzen kommt. Ohne körperliche Aktivität wird die Stärkung der Nieren sehr lange dauern, selbst bei makrobiotischer Ernährung. Die allerbeste harte Arbeit ist diejenige barfuß im Garten.

Die schwierigsten Fälle unter den Drogenkonsumenten schließlich sind jene, deren Zwischenhirn geschädigt oder geschwächt ist. Das Zwischenhirn ist für die Homöostase im Körper verantwortlich (Körpertemperatur, Sauerstoffgehalt, Wasser, Blutzucker usw.). Es ist ferner das Bindeglied zwischen geistiger und körperlicher Aktivität; somit mangelt es jemandem, dessen Hirn in diesem Bereich geschädigt ist, an der Koordination dieser beiden Aktivitäten. Mit anderen Worten, er kann sehr gut darüber Bescheid wissen, was er essen und was er tun müßte, und ebensogut darüber reden, doch ist nicht in der Lage, auch so zu essen oder zu handeln, wie er redet. Ich habe solche jungen Leute so oft getroffen. Sie scheinen gesund und intelligent, aber können nicht in die Tat umsetzen, was sie predigen. Für sie ist es ganz schwierig, die Ernährungsweise durchzuhalten, und so pfuschen sie mit allen möglichen Diäten herum. Doch sie können ihren Zustand verbessern, wenn sie wollen, wenn auch sehr langsam. Anders gesagt, ohne einen klaren, starken Willen, die Gesundheit aus eigener Kraft zu erreichen, kann niemand sich von den durch Drogenmißbrauch verursachten Beschwerden wieder erholen. Um einen festeren Willen zur Wiederherstellung der Gesundheit zu erlangen, muß man wissen, wie schwerwiegend seine Krankheit ist. Solange er sich für gesund und in Ordnung hält, wird er nicht nach Gesundheit streben, selbst wenn sein ganzes Verhalten auf solch ein Streben hinweist. Er ist zu ignorant, zu arrogant oder hat noch nicht genug gelitten.

Makrobiotik ist eine nützliche, praktische Technik — sogar bei von

Drogenmißbrauch herrührender Krankheit. Doch ohne Bescheidenheit und starkes Streben nach dem wahren Selbst hilft sie nicht. Wer immer vorhat, die Makrobiotik für seine Gesundheit zu befolgen, muß auch auf spirituellem Gebiet an sich arbeiten.

5. Müdigkeit und Azidität

Einer der Hauptgründe für Müdigkeit ist erhöhter Säuregehalt im Blut. Überanstrengung, Überessen (insbesondere Überkonsum von säurebildenden Nahrungsmitteln wie Fleisch und Getreide), Verstopfung, Durchfall, Nierenbeschwerden und Leberprobleme — all das führt zu Blutazidität. Dieser saure Zustand ruft Müdigkeit hervor. Warum?

Durch die verschiedenen intrazellulären Stoffwechselprozesse wird fortwährend Kohlendioxid produziert. Der in der Nahrung enthaltene Kohlenstoff (C) verändert sich, um sich mit Sauerstoff zur Bildung von Kohlendioxid zu verbinden. Dieses diffundiert sodann in die zwischenzellige Flüssigkeit und das Blut, wird weiter transportiert in die Lunge, wo es in die Alveolen diffundiert, und wird schließlich durch die Lungenventilation an die Atmosphäre abgegeben. Doch sind mehrere Minuten erforderlich für diese Reise des Kohlendioxid aus den Zellen in die Atmosphäre. Da das Kohlendioxid nicht unmittelbar ausgeschieden wird, befindet sich immer durchschnittlich 1,2 Milliliter von gelöstem Kohlendioxid in den extrazellulären Flüssigkeiten. Dieses Kohlendioxid verbindet sich mit Wasser und bildet damit Kohlensäure (H_2CO_3), die yin ist. Steigt der Gehalt an Kohlendioxid, steigt auch die Menge an Kohlensäure (yin). Das Wasserstoffion der Kohlensäure hat eine direkte Auswirkung auf das Atemzentrum in dem die Atmung kontrollierenden Nachhirn (Medulla oblongata), indem es die Atemfrequenz erhöht (Yin regt Yang an). Das gilt allerdings nur, wenn das Blut alkalisch ist. Erhöht sich als Folge von Überanstrengung, Überkonsum von Fleisch oder schlechter Blutzirkulation der Kohlendioxidspiegel zu sehr, erhöht die Kohlensäure den Grad der Blutazidität (yin). Diese Blutazidität schädigt das Atemzentrum in der Medulla oblongata und bewirkt eine Reduzierung der Atemfrequenz. Diese Reduzierung bedeutet, daß weniger Sauerstoff inhaliert wird und somit auch weniger Sauerstoff für den Zellstoffwechsel zur Verfügung steht. Resultat ist Müdigkeit.

Je nach Ursache gibt es mehrere Möglichkeiten, um Müdigkeit zu kurieren:

1. Weniger essen und gründlich kauen ist hier von äußerster Wichtigkeit, das gilt für alle Arten von Müdigkeit.
2. Blutzirkulation verbessern durch:
   a. Heißes Fußbad oder Ingwerkompresse an den Füßen.
   b. Duschen mit abwechselnd heißem und kaltem Wasser.
   c. Dô-In Massage.
3. Ingwerkompresse auf die Nieren.
4. Shoyu-Bancha (Sho-ban) oder Ume-sho-Bancha (Salzpflaume, Ingwer, Sojasauce, Banchatee) trinken. Ist das zu salzig, nehmen Sie Ume-Konzentrat-Tee (Bainiku Ekisu Extrakt).
5. Viel Salat essen, besonders mit grünem Gemüse; ferner Pickles usw.
6. Machen Sie Atemübungen. Im Fernen Osten wurden Atemübungen entwickelt, mit denen die Müdigkeit kuriert und die Gesundheit verbessert werden kann.
   a. Yoga-Atemübung:
      Aufrecht stehen und tief einatmen. Atem anhalten und den Körper nach unten beugen. Ausatmen und den Oberkörper wieder aufrichten, dabei den Atem anhalten. Nun mehrere Kniebeugen, dann einatmen. Wenn Sie diese Übung mehrmals wiederholen, wird die Müdigkeit verfliegen.
   b. Buddhistische Atemübung (Shin-Sekte):
      Aufrecht sitzen und die Beine ausstrecken. Arme heben, bis sie in der Horizontale sind. Einatmen und Atem anhalten. Oberkörper nach vorn beugen, dabei Beine gestreckt lassen. Diese Stellung so lange wie möglich halten. Dann den Oberkörper wieder in die Ausgangsposition bringen. Ausatmen. Mehrmals wiederholen.

   Beide Atemübungen eignen sich gut dazu, Müdigkeit zu kurieren, weil sie das Kohlendioxid von Lunge und Blut verringern. Diese Verringerung von Kohlendioxid macht das Blut mehr alkalisch, beschleunigt den Zellstoffwechsel und regt das Atemzentrum zu verstärkter Atemtätigkeit an.
7. Wandern und jegliche Art Gymnastik sind gut bei Müdigkeit, solange in angemessenem Rahmen betrieben. In der modernen Gesellschaft tendieren wir dahin, zuviel zu sitzen und die Beine zuwenig zu gebrauchen. Wandern oder gärtnern am frühen Morgen ist allerbeste Gymnastik und schafft einen unermüdlichen Körper und ein fröhliches und gesundes Leben.

6. Säure/Base und die Mentalität

Ein saurer Zustand hemmt die Nerventätigkeit, und ein alkalischer Zustand stimuliert sie. Wessen Blutkondition alkalisch ist, der kann gut denken und handeln (entscheiden). Andererseits kann jemand, dessen Blutkondition sauer ist, nicht gut denken oder schnell, klar oder entschlossen handeln. Deshalb ist es sehr wichtig, allzeit für eine alkalische Blutkondition zu sorgen — nicht nur für körperliche Gesundheit, sondern auch für geistige Präsenz.

Die Ernährung ist eine große Hilfe zur Aufrechterhaltung der Alkalinität des Blutes; doch damit erwirkt man keine Ergebnisse von einem Tag auf den anderen. Ein längerer Zeitraum ist erforderlich, damit sich die Wirkung zeigen kann. Ich habe lange nach einer schnellen Methode zur Umwandlung von saurer zu alkalischer Kondition gesucht. Schließlich fand ich eine, in religiösen Ritualen. Die japanische Shinto-Religion empfiehlt nachdrücklich die Durchführung des Misogi-Rituals, wobei man ein kaltes Bad oder eine kalte Dusche in einem Fluß, einem Wasserfall oder dem Meer nimmt. Ein Gesundheitsberater empfiehlt, ein abwechselnd heißes und kaltes Bad zu nehmen. Ein Freund von mir tat das, und ich sah, es ging ihm viel besser als vorher — körperlich und geistig. Deshalb begann ich auch, jeden Abend eine kalte Dusche nach dem heißen Bad zu nehmen. Ich merkte die Wirkung sofort. Die kalte Dusche machte mich sehr lebhaft und verbesserte meine Gehirnfunktion. Wenn ich irgendwelche Gelüste verspürte, etwa nach Fisch, die kalte Dusche machte dem sofort ein Ende. Sie gibt ungeheure Willenskraft und hohe Urteilsfähigkeit. Der Grund dafür liegt in der Tatsache, daß eine kalte Dusche das Blut alkalisch macht, während heiße Duschen (Bäder) es sauer machen.

Das ist ein gutes Ritual. Die katholische und andere christliche Religionen haben die Taufzeremonie, und Shinto hat die Misogi-Zeremonie. Indem sie unser Blut alkalisch machen, sind diese Zeremonien ausgezeichnete Methoden zur Verbesserung unserer Denkfähigkeit und unserer Stimmung.

Ich rate jedem, der Probleme in seinem Leben, in seiner Familie hat, der zuviel Streß hat, oder der sein Urteilsvermögen verbessern möchte — um ein scharfes Bild vom Leben zu gewinnen und zu erkennen, was zu tun ist —, kalte Duschen zu nehmen.

Die beste Zeit dafür ist um Mitternacht oder früh am Morgen. Es ist nötig, das etwa zehn Tage fortgesetzt zu tun, bevor irgendwelche Anzeichen für eine Verbesserung im Denken erkennbar sind.

Wenn Sie kalt duschen, beginnen Sie nicht beim Kopf. Sondern von unten die Beine hoch — Vorderseite, rechte Schulter, Rücken, linke Seite — im Uhrzeigersinn drehend — dann, als letztes zum Kopf. Wer ein schwaches Herz hat, sollte sorgfältig achtgeben und sachte angehen lassen.

7. Krebs und Säure/Base

Alexis Carrel hielt ein Hühnerherz 28 Jahre lang in einer alkalischen Lösung am Leben. Das gelang ihm, weil er die Lösung jeden Tag erneuerte; er hielt ein bestimmtes Verhältnis der Elemente ein, so daß die Lösung immer ganz leicht alkalisch war. Ferner wurden die sauren Nebenprodukte aus dem Zellstoffwechsel durch das tägliche Auswechseln der Lösung beseitigt. Das Hühnerherz starb ab, als Carrel aufhörte, die Lösung zu erneuern.

Nach der modernen Physiologie gilt das auch für Menschen, wie ich zuvor erwähnt habe. Unsere Körperzellen sind von Flüssigkeiten umgeben, welche leicht alkalisch sein sollten, um das Leben zu erhalten. Wenn Sie joggen gehen oder anstrengende Turnübungen machen, erleben Sie, wie Sie außer Atem geraten und erschöpft und verkrampft werden. Das ist die Folge von Produktion und Ansammlung der Milchsäure, welche ihrerseits durch unvollständige Verbrennung von Glukose entsteht. Anders gesagt, in Situationen starker Belastung bekommt der Körper nicht genügend Sauerstoff, um Glukose umzuwandeln. In solchen Momenten dürfte der pH-Wert des Blutes bei etwa 7,26-7,27 anstelle des normalen 7,3-7,4 liegen. Das ist ein zu saurer Zustand des Blutes. Diese Art der Azidität wird durch das Puffersystem des Körpers aufgefangen, welches starke Säuren in schwache Säuren verwandelt und sie in Form von Kohlendioxid (CO_2) ausscheidet. Kohlendioxid ist ein Teil des Atems, den wir ausatmen.

Wird die Kondition unserer extrazellulären Flüssigkeiten und insbesondere des Blutes sauer, wird unser körperlicher Zustand zuerst Müdigkeit, Anfälligkeit gegenüber Erkältungen usw. erkennen lassen. Nimmt der Säuregehalt dieser Flüssigkeiten noch weiter zu, dann werden sich Schmerzen und Beschwerden wie etwa Kopfweh, Brustschmerzen, Magenschmerzen usw. einstellen. Wenn das Blut eine mehr und mehr saure Kondition entwickelt, so Dr. med. Kieichi Morishita in seiner Abhandlung *Krebs ist nicht unheilbar: Die verborgene Wahrheit des Krebses,* dann deponiert unser Körper unweigerlich diese überschüssigen sauren Substanzen in bestimmten Bereichen des Körpers, um das Blut in die Lage zu versetzen, eine alkalische Kondition zu behalten. Setzt sich diese Entwicklung fort, nehmen jene Bereiche an Azidität zu und einige Zellen sterben ab; sodann verwandeln sich diese toten Zellen selbst in Säuren. Doch manch andere Zelle paßt sich möglicherweise an diese neue Umgebung an. Anders gesagt, anstatt abzusterben — wie das normale Zellen in einer sauren Umgebung tun —, überleben einige Zellen, indem sie zu abnormalen Zellen werden. Diese abnormalen Zellen werden dann bösartige Zellen genannt. Bösartige Zellen korrespondieren nicht mit den Gehirnfunktionen und auch nicht mit unserem eigenen DNS-Gedächtnis-Code. Deshalb wachsen bösartige Zellen ohne Einschränkung und ohne Ordnung. Das ist Krebs.

Einer der am meisten üblichen Wege, eine saure Kondition in den Körperflüssigkeiten zu erzeugen, führt über Überkonsum von Fett. Da Fett nicht wasserlöslich ist, schwimmen, wenn ständig übermäßig fettige Nahrung konsumiert wird, Klumpen von unaufgelöstem Fett in den Arterien bis in die Kapillaren. Diese Fettklumpen verstopfen die Kapillaren und stoppen die Versorgung mit Nährsubstanzen und Sauerstoff. Dieses Ende der Versorgung mit Nährsubstanzen und Sauerstoff ist es, was den Tod der Zellen am Ende der verstopften Kapillaren bewirkt. Die toten Zellen verwandeln sich zu Säuren. Die saure Kondition der Körperflüssigkeiten veranlaßt normale Zellen, zu bösartigen Zellen zu werden, wie oben erklärt. Brust- und Dickdarmkrebs werden überwiegend durch Konsum von zuviel Fett verursacht.

Überkonsum von Protein bewirkt ebenfalls eine saure Kondition, weil überschüssiges Eiweiß aufgespalten und zu Harnstoff abgebaut wird. Dieser Harnstoff veranlaßt die Nieren, zuviel Wasser auszuscheiden, und zwar zusammen mit basenbildenden Mineralstoffen. Also bewirkt Überkonsum von Protein eine saure Blutkondition.

Andere Nahrungsmittel, welche eine saure Kondition der Körperflüssigkeiten hervorrufen, sind Zucker, weißer Reis, Weißmehl, chemische Zusatzstoffe, Arzneimittel und synthetische Medikamente. Alle diese Nahrungs- und Arzneimittel bewirken saure Kondition auf zweierlei Art und Weise. Einerseits enthalten sie säurebildende Elemente, andererseits bringt nicht eines von ihnen ausgleichende alkalische Elemente mit. Sie produzieren also nicht nur Säuren; sie verbrauchen gar die körpereigenen basenbildenden Elemente, um die von ihnen selbst gebildeten Säuren zu neutralisieren.

Physiologische Konditionen wie etwa schwache Nieren und Verstopfung sorgen ebenfalls für eine saure Beschaffenheit der Körperflüssigkeiten. Körperliche Aktivitäten erzeugen ständig Säuren wie Schwefelsäure, Essigsäure und Milchsäure. Sind die Nieren schwach, können diese Säuren nicht ausgeschieden werden, und sie verursachen saure Körperflüssigkeiten. Im Falle der Verstopfung verwest der Stuhl im Dickdarm und erhöht so den

Säuregrad im Körper. Meiner Meinung nach ist das der Anfang von Dickdarmkrebs.

Warum aber veranlaßt eine saure Kondition in den Körperflüssigkeiten Zellen, bösartig zu werden? Azidität in den extrazellulären Flüssigkeiten tötet Nervenzellen, welche mit dem Gehirn verbunden sind, und Azidität in den intrazellulären Flüssigkeiten schädigt die Zellkerne, welche das Zellwachstum steuern. Somit entwickelt sich Krebs über die folgenden Stadien:

1. Verzehr von vielen säurebildenden Nahrungsmitteln, also fettigen, eiweißreichen, raffinierten Nahrungsmitteln, von karzinogenen Substanzen wie Nitriten und chemisch behandelten Nahrungsmitteln ganz allgemein. Röntgenstrahlen tragen schon in diesem Stadium das ihrige dazu bei.
2. Zunehmende Verstopfung.
3. Zunahme der Azidität im Blut. Das bewirkt eine Zunahme der weißen Blutkörperchen und eine Abnahme der roten Blutkörperchen, was der Anfang von Leukämie ist.
4. Zunahme der Azidität in den extrazellulären Flüssigkeiten.
5. Zunahme der Azidität in den intrazellulären Flüssigkeiten.
6. Entstehung bösartiger Zellen. Das ist das Stadium, welches man Ausbruch des Krebses nennt.
7. Fortgesetzter Konsum vieler Yin-Nahrungsmittel. Man bekommt hohe Dosen von Bestrahlung sowie chemische und medikamentöse Behandlung. Dieses Stadium nennt man fortgeschrittenes Stadium von Krebs.

Die obige Auffassung über die Entwicklung von Krebs ist meine Schlußfolgerung nach Studium der Krebsforschung mehrerer Wissenschaftler. Dr. Yanagisawa beobachtete das Blut von zwei typischen Leukämie-Patienten: 1. von Überlebenden der Atombombenexplosion in Hiroshima und 2. von einem Fischer, der unter der Strahlung der Atombombe von dem Test nahe dem Bikini-Atoll im Pazifischen Ozean zu leiden hatte. Er fand heraus, daß diese Patienten einen niedrigen Gehalt an Calcium- und Magnesiumionen im Blut hatten. Da Calcium und Magnesium alle beide zu den basenbildenden Elementen gehören, ist ein niedriger Gehalt davon gleichbedeutend mit einer sauren Blutkondition. In unserem Körper machen die roten Blutkörperchen 10 Milligramm per 100 Milliliter Serum aus. Normalerweise sind von jeden 100 Milligramm Calcium 60 Milligramm in kristalliner Form und 40 Milligramm Ionen in Lösung. Ist das Blut gesund, beträgt das

Verhältnis kristallines zu ionisiertes Calcium 6:4. Bei Krankheit oder Erschöpfung nimmt die Anzahl Calciumionen ab. Im Falle der Leukämie-Patienten trat deren Tod ein, als die Anzahl der Calciumionen auf 15 mg per 100 ml Serum sank. (Aus *Wheat Diet* von Fumimasa Yanagisawa.)

Dr. S. Okada schreibt in *Cell Society*, daß Krebszellen gut in einer Nährlösung wachsen, die aus den Verdauungsabfällen normaler Zellen entstanden ist. Da die Verdauungsabfälle normaler Zellen säurehaltig sind, schätzen Krebszellen diese saure Kondition.

Aus diesem Grund, um die Entstehung von Krebs zu verhindern bzw. ein Wachstum von Krebs zu stoppen, empfiehlt die Makrobiotik, keinerlei säurebildende Nahrungsmittel zu essen — insbesondere Zucker, tierische Nahrung (eingeschlossen Fisch und Milchprodukte), raffinierte Lebensmittel oder solche mit chemischen Zusätzen. Ferner empfiehlt die Makrobiotik die Aktivierung des Blutkreislaufs, der Nierenfunktion und der Darmtätigkeit.

Eine weitere Empfehlung der Makrobiotik ergibt sich aus dem Prinzip von Yin und Yang. Krebszellen wachsen rasch, unbeschränkt und ungeordnet und sind deshalb yin. Folglich sind als erstes die yin-säurebildenden Nahrungsmittel vom Speisezettel zu streichen. Diese Nahrungsmittel sind in Sektion II der Tafel 20 aufgeführt; darunter befinden sich Zucker, Medikamente und chemische Zusätze, und diese sollten vor allem anderen vermieden werden.

Obwohl auch Getreide säurebildend sind, sind sie yang, und weder verursachen sie Krebs noch fördern sie Krebs. Weil Getreide in Yin und Yang ausgeglichen sind und wichtige Vitamine, Proteine, Kohlenhydrate, Faserstoffe und Mineralstoffe enthalten, empfiehlt die Makrobiotik Vollgetreide als Hauptnahrung für Krebspatienten, und das mit guten Resultaten. Vollgetreide (säurebildend) zusammen mit ausgewählten Gemüsesorten (basenbildend), Meeresalgen und ergänzenden Zutaten — so wie Meersalz, Miso und echte Sojasauce (alle basenbildend) — sind meines Wissens die beste Nahrung für Abwehr und Verhütung von Krebs.

Krebszellen sind sehr yin; selbst die sogenannten Yang-Krebszellen sind sehr yin. Deshalb kommen in der makrobiotischen Ernährung Früchte und extreme Yin-Gemüse nicht vor, auch nicht, wenn sie basenbildend sind. Doch zur Verhütung von Krebswachstum sind nicht nur Yin-Nahrungsmittel sondern auch Yang-Nahrungsmittel (alles Tierische, Fisch und Milchprodukte) verboten. Warum? Erstens sind sie säurebildend, zweitens sind sie reich an Eiweiß und Fett. Beide, Eiweiß und Fett, sind säurebildend; und dazu kommt, daß Eiweiß Krebszellenwachstum fördert, weil Zellen aus

Eiweiß bestehen.

Generell kann man sagen, Krebs entwickelt sich, wenn Zucker und tierische Nahrung zusammen konsumiert werden; letztere liefert Protein für die Bildung von Krebszellen und Fett für die Entstehung von Verstopfung und schlechtem Kreislauf. Zucker liefert die Energie zum Wachsen. Getrennt für sich genommen sind Eiweiß und Zucker nicht in dem Maße schädlich. Eskimos verbrauchen eine Menge tierische Nahrung, aber kaum Zucker, und sie haben kaum Fälle von Krebs. In Indien dagegen konsumiert man viel Zucker, aber kaum Fleisch, und auch hier gibt es kaum Fälle von Krebs.

Krebserzeugende Nahrungsmittel sind Kombinationen aus den folgenden:

- Extrem yin und säurebildend, wie etwa:
  — Zucker, Saccharin oder Essig.
  — Chemische Zusätze, Farbstoffe und Konservierungsmittel.
  — Dosennahrung.
  — Hochgradig behandelte oder raffinierte Nahrung.
- Yang, säurebildend, wie etwa:
  — Alles Fleisch — Huhn, Rind, Schwein und Fisch.
  — Milchprodukte.
- Extrem yin, basenbildend, wie etwa:
  — Alle Früchte und Fruchtsäfte.
  — Kartoffeln, Tomaten, Auberginen, Spargel, Avocados, Spinat und Rote Beete (Randen). (Siehe Tafel 20, Sektion I.)

Um Krebswachstum zu stoppen oder zu verhüten, gebe ich abschließend folgende Ratschläge:

1. Stoppen Sie den Konsum von Zucker und tierischen Nahrungsmitteln, von Früchten, Milch und Milchprodukten.
2. Meiden Sie Bohnen außer zwei bis dreimal pro Monat, dann aber nur Adukibohnen.
3. Vermeiden Sie gänzlich chemische und raffinierte Nahrung.
4. Essen Sie Gerichte, die aus 50-60% Vollgetreide und 25-35% Gemüse und Meeresalgen zusammengestellt sind.
5. Essen Sie ein bis zwei Schalen makrobiotische Misosuppe jeden Tag.
6. Trinken Sie yang-basenbildende Getränke — Mu-Tee, Yannoh,

Ohsawa-Kaffee und Banchatee.
7. Verwenden Sie nur unverfälschte, natürlich zubereitete Zutaten und Würzmittel wie Miso, Sojasauce, Gomasio, Tekka, Umeboshi usw.
8. Kochen Sie angepaßt an die Jahreszeit, das Wetter und die individuelle Konstitution.
9. Üben Sie sich in tiefem Atmen, Singen oder Psalmodieren, vermeiden Sie aber so anstrengende Übungen wie Joggen.
10. Sind Sie schwergewichtig und/oder dick, dann gehen Sie jeden Tag in die Sauna, sind Sie mager, jeden zweiten Tag. Eine trockene Sauna ist besser als eine feuchte Sauna.
11. Eine kalte Dusche sei empfohlen, um das Blut und die anderen Körperflüssigkeiten zu alkalisieren.
12. Kochen Sie mit Gas anstelle von Elektrizität.

8. Schlußfolgerung

Die Natur zeigt die beiden gegensätzlichen und sich doch ergänzenden Kräfte deutlich allerorten in Pflanzen, Tieren und Dingen. Die alten chinesischen Weisen nannten diese Manifestationen Yin und Yang. Die moderne Wissenschaft nennt sie positiv und negativ, plus und minus, Elektron und Proton, Ausdehnung und Zusammenziehung, Induktion und Deduktion, Mann und Frau, männlich und weiblich und Säure und Base.

Woher kommen Säuren und Basen? Welches ist ihr Ursprung? Wenn Sie dies verstehen, können Sie ein völlig anderes Bild von dieser Welt erblicken.

Ein Zen-Koan lautet: „Welches ist der Klang einer Hand?" Zwei Hände erzeugen Klang. Klatschen kann nicht von nur einer Hand erzeugt werden. Zen-Studenten müssen darauf eine Antwort finden. Genauso können Sie auch den Ursprung von Säuren und Basen nicht sehen. Alles, was Sie sehen oder schmecken, ist, daß sich alles entweder als Säure oder als Base zeigt. Der Ursprung von Säuren und Basen ist dort, wo keine Säure und keine Base existiert — will sagen, wo kein Klang, kein Licht, keine Bewegung, keine Farbe, nicht heiß, nicht kalt, nicht sauer, nicht alkalisch, nicht links, nicht rechts, nicht alt, nicht jung, kein Leid, keine Freude ... existiert. Buddhisten nennen es *Ku*, Taoisten nennen es *Mu*, Shintoisten nennen es *Kami*. Das ist der Ursprung von Säuren und Basen. Nahrungsmittel sind die Träger dieser beiden Kräfte, und indem wir Nahrungsmittel essen, erzeugen wir gegensätzliche und sich ergänzende Zellen, Muskeln, Nerven, Hormone, Enzyme, Gene, Organe und Gedanken.

Weil unser Leben die Manifestation zweier Kräfte ist, bergen unsere Handlungen, unsere Lebensführung und unsere Gedanken immer Antagonismus und Widerspruch. Doch ist da Antagonismus, sollte auch Komplementarität da sein. Deshalb ist die wichtigste Lektion, die man von Säuren und Basen lernen kann, einen Gegensatz zu akzeptieren, wann immer man ihm begegnet, und ihn zur Ergänzung, zur Vervollkommnung im eigenen Leben hinzuwenden.

Dies ist der wahre Ausgleich von Säuren und Basen!

ANHANG I

Bibliographie

1. Quellennachweis

Bowes and Church *Food Values of Portions Commonly Used* J.B. Lippincott Co., Philadelphia 1970
Cannon, Dr. Walter *The Wisdom of the Body* W.W. Norton & Co., New York, rev. ed. 1939
Carque, Otto *Vital Facts About Foods* Natural Brands, Los Angeles 1933
Carrel, Alexis *Man, The Unknown* Harper, New York 1935
Chishima, Kikuo *Revolution of Biology and Medicine, Vol. 9* Neo-Haematological Society Press, Gifu (Japan) 1972
Collier's Encyclopedia Macmillan Educational Coporation, New York 1979
Encyclopedia Britannica Chicago 1974
Engels, Frederick *Dialectics of Nature* International Publishers, New York 1940
Goth, Andres, M.D. *Medical Pharmacology* C.V. Mosby Co. 1976
Guyton, Arthur, M.D. *Function of the Human Body* W.B. Saunders Co., Philadelphia 1959. Reprint 1969
—— *Textbook of Medical Physiology* W.B. Saunders Co., Philadelphia 1956
Ions, Veronica *Indische Mythologie (Indian Mythology)* Vollmer, Wiesbaden 1981
Ishizuka, Sagen *Foods for Longevity* (1898) Nippon Centre Ignoramus, Tokio
—— *Scientific Diet for Longevity* Haku Bunkan, Tokio (1896 o/p)
Jackson, Robert G., M.D. *Nie mehr krank sein (How to be Always Well)* A. Müller, Rüschlikon 1954/ Goldmann, München 1978
Katase, Dr. Tan *Calcium Medicine* Ningen No Igaku Co., Osaka 1948
Moon, J.Y. *Macrobiotic Explanation of Pathological Calcification* GOMF, Oroville, 1974
Morse, J., ed. *Funk & Wagnalls Encyclopedia, Vol. I* Reader's Digest Books Inc., New York 1969
Ohsawa, Georges *Practical Guide to Far Eastern Macrobiotic Medicine* GOMF, San Francisco 1973
Okada, Tokindo *Saiko No Shakai (Cell Society)* Kodansha, Tokio 1972
Pinsent, John *Griechische Mythologie (Greek Mythology)* Vollmer, Wiesbaden 1970
Quarton, Melnichuck and Schmidt, eds. *Neurosciences: A Study Program* Rockefeller University Press, New York 1967
U.S. Department of Agriculture *Composition of Foods* Washington, DC, 1963
U.S. Government Printing Office *The Yearbook of Agriculture 1959* Washington, DC
Williams and Lansford, eds. *The Encyclopedia of Biochemistry,* Reinhold Publishing Corp., New York 1967
Yanagisawa, Dr. Fumimasa *Wheat for Health* Yomiuri Press, Tokio 1975

Acknowledgement is given for the kind permission granted by the publishers from whose works selections have been used or reprinted in this book. The following credit lines are included as requested:
Selection is reprinted from THE WISDOM OF THE BODY by Walter B. Cannon, M.D. by permission of W.W. Norton & Company, Inc. © 1932 by Walter B. Cannon. © renewed 1960 by Cornelia J. Cannon. Revised Edition © 1939 by Walter B. Cannon. Renewed 1968 1967 by Cornelia J. Cannon.
From THE ENCYCLOPEDIA OF BIOCHEMISTRY, edited by Roger J. Williams and Edwin M. Lansford, Jr. © 1967 by Litton Educational Publishing, Inc. Reprinted by permission of Van Nostrand Reinhold Co.
Reprinted with permission from COLLIER'S ENCYCLOPEDIA. © 1979 Macmillan Educational Corporation.
From „Alkaloids" in ENCYCLOPEDIA BRITANNICA, 15th edition 1974.

2. Weiterführende Literatur

2.1 Allgemeine Einführung

Bradford, Peter & Montse *Das makrobiotische Algen-Kochbuch* Mahajiva 1987
Kushi, Michio & Aveline *Das große Buch der makrobiotischen Ernährung und Lebensweise* Ost-West Bund 1988
Kushi, Michio *Die makrobiotische Antwort auf Krebs* Mahajiva 1988
—— *Die Kushi Diät (Cancer Prevention Diet)* Droemer Knaur 1984
Laridon/Maes *Makrobiotisch kochen* Goldmann 1983
Ohsawa, Georges *Das Wunder der Diätetik* Ohsawa-Zentrale
—— & Herman Aihara *Makrobiotik: Eine Einladung zu Gesundheit und Glück* Mahajiva 1984
Sattilaro, Dr. med. Anthony J. *Rückruf ins Leben – die Geschichte meiner Krebsheilung* Mahajiva 1985
Simon, Paul *Makrobiotik auf der Speisekarte* Mahajiva 1988

2.2 Zeitschrift

—DAS GROSSE LEBEN— *Makrobiotik-Magazin* Ost-West Bund, ab 1986 vierteljährlich (mit aktuellem Terminkalender und Adressenverzeichnis aller deutschsprachigen Makrobiotik-Einrichtungen).

2.3 Auswahl weiterer grundlegender Schriften

Aihara, Cornellia *Die Hohe Kunst des makrobiotischen Kochens (Ryori-Do)* Mahajiva 1989
Aihara, Herman *Milch, ein Mythos der Zivilisation* Mahajiva 1985
I GING – Das Buch der Wandlungen (Übersetzung von Richard Wilhelm; Gesamtausgabe) Diederichs 1956
Kushi, Aveline *Aveline Kushi's großes Buch der makrobiotischen Küche* Ost-West Bund 1987
—— *Mit Miso kochen* Pala 1986
Kushi, Michio *Seminarreport Vaumarcus: Die physische geistige spirituelle Gesundheit durch die Makrobiotik* Mahajiva 1984
—— *Das Buch der Makrobiotik* Bruno Martin 1979/1987
—— *Natürliche Heilung mit Makrobiotik* Ost-West Bund 1981
—— *Dein Gesicht lügt nie: Einführung in die fernöstliche Diagnose* Mahajiva 1986
—— *Die makrobiotische Hausapotheke – Nahrungsmittel in medizinischer Anwendung* Ost-West Bund 1985
Lao Tse *Tao Te King* Diederichs 1978
Morishita, Dr. med. Kieichi *Krebs ist nicht unheilbar: Die verborgene Wahrheit des Krebses* Mahajiva 1986
Ohsawa, Lima *Rezepte für die makrobiotische Küche* O. Maier 1987 = *Das Lima Ohsawa Kochbuch* Hugendubel 1980
Ohsawa, Georges *Zen Makrobiotik* Thiele 1980
—— *Das Einzige Prinzip der Philosophie und der Wissenschaft des Fernen Ostens* Mahajiva 1989
—— *Lebensführer Makrobiotik* Mahajiva 1987
—— *Die fernöstliche Philosophie im nuklearen Zeitalter* Thiele 1978

—— *Krebs und die fernöstliche Philosophie der Medizin* Ohsawa-Zentrale 1972
—— *Auch Sie sind Sanpaku* Mahajiva 1989
—— *Das Buch vom Judo* Mahajiva 1988
—— *Leben und Tod* Mahajiva 1984
—— & Herman Aihara & Fred Pulver *Rauchen, Marihuana und Drogen* Mahajiva 1985

ANHANG II

Informationsquellen

Nachfolgend sind einige Adressen deutschsprachiger Makrobiotik-Zentren, -Organisationen und -Beratungsstellen aufgelistet. Eine aktuelle, vollständige Adressenliste wird laufend im Makrobiotik-Magazin —DAS GROSSE LEBEN— veröffentlicht.

D-1000
    Makrobiotik in Berlin e.V.
    Schustherusstr. 40
    1000 Berlin 10
    Tel. 030 - 341 98 15

D-2000
    Ost-West-Zentrum e.V.
    Eppendorfer Marktplatz 13
    2000 Hamburg 20
    Tel. 040 - 47 27 50

D-4000
    Ohsawa-Zentrale J. Nakamura
    Münsterstr. 255
    4000 Düsseldorf 30
    Tel. 0211 - 63 24 43

D-6000
    Makrobiotik Lilienthal
    Insterburger Str. 7
    6454 Bruchköbel
    Tel. 0 61 81 - 7 14 38

D-6800
    Biologische Insel
    Rheintalstr. 37-39
    6830 Schwetzingen-Hirschacker
    Tel. 0 62 02 - 30 16

D-7400
    Arbeitskreis natürl. Lebensweise
    Alteburgstr. 115/3
    7410 Reutlingen
    Tel. 0 71 21 - 23 91 15

A-2700
    Naturkostfamilie
    Grünangergasse 14
    2700 Wiener Neustadt
    Tel. 0 26 22 - 24 941-14

CH-3700
    Kushi-Institut
    Kientalerhof
    3711 Kiental
    Tel. 033 - 76 12 41

ANHANG III

Der Autor

Herman Aihara wurde am 28. September 1920 in Arita, einer kleinen Stadt in der Saga-Präfektur im Süden Japans, geboren. Wegen der Armut in seiner großen Familie wurde er von einem Onkel adoptiert und später am Technikum der angesehenen Universität Waseda aufgenommen. 1942 schloß er als Ingenieur der Metallurgie ab.

Bevor er an die Universität kam, hatte er Georges Ohsawa in einem Vortrag gehört, und sein Interesse für Yin und Yang war erwacht. Nach dem Krieg besuchte er die Klassen Ohsawas und entschloß sich sodann zur Auswanderung in die USA, um dort Makrobiotik zu lehren.

Zusammen mit Michio Kushi arbeitete er zwischen 1952 und 1961 an der Verbreitung der Makrobiotik und wurde zum ersten Präsidenten der Ohsawa Foundation in New York gewählt. Nach seinem Wegzug nach Kalifornien wurde er Präsident der Ohsawa Foundation von Los Angeles (1969). 1970 gründete er in San Francisco die G.O.M.F. (George Ohsawa Macrobiotic Foundation) und ließ sich schließlich 1974 in Oroville, Kalifornien, nieder.

Aihara ist unablässig aktiv im Forschen und Studieren — er publiziert, übersetzt und gibt Vorträge und individuelle Beratungen in den USA und anderen Ländern.

Kommentar des Übersetzers

Makrobiotik erhebt den Anspruch, eine ganzheitliche Sicht der Dinge zu haben. Nun kommt die Makrobiotik ja in ihrer neueren Ausprägung aus Japan, und vielen sticht die Unzahl japanischer Produkte in die Nase. Der Widerspruch scheint total, wenn man einerseits liest, daß man die Nahrung, welche unsere unmittelbare Umgebung hervorbringt, wählen soll, andererseits aber die Regale der Makro-Läden von teuren, fernöstlichen Spezereien überquellen. Wenn Makrobiotik so umfassend ist, wo ist dann die unsere?

In *Säuren & Basen* werden östliche und westliche Denkweise zusammengeführt. Erst die Synthese der beiden bringt die gesamte Menschheit weiter in Richtung eines als Ganzes funktionierenden Organismus. Gerade für intellektuell Geschulte mit wissenschaftlichem Bildungshintergrund kann *Säuren & Basen* eine Brücke schlagen hin zu einem mehr ganzheitlichen Verständnis. Für Leute, deren Intuition durch dicke Schichten ohne reale Erfahrung angeeigneter Lerninhalte überdeckt ist, kann dieses Buch Klärung bringen.

Alle spüren die Auswirkungen ihrer Ernährung unmittelbar am eigenen Leib. Die weniger Sensiblen bekommen mit *Säuren & Basen* ein Beurteilungsinstrument in die Hand, welches innerhalb des Yin/Yang-Verständnisses den wichtigen Aspekt der Säure/Base-Balance hervorhebt. Für mich ist Tafel 20 das Kernstück des Buches. Mit ihr kann praktisch gearbeitet werden: Hin zu besserer Gesundheit, zu besserer Ausnützung des eigenen Potentials und zu einem GROSSEN LEBEN in einer friedvollen Welt.